国際取引トラブルの出口戦略と予防法務

日本企業の渉外活動に潜むリスク対応

阿部・井窪・片山法律事務所・弁護士
服部 誠 【編】
広瀬史乃　牧恵美子　辛川力太　高岸 亘 【著】

ぎょうせい

はしがき

国際取引、すなわち、日本企業が外国企業または外国当局との関係で対応を要する事案は、国内取引（日本企業または日本の当局との関係で対応を要する事案）とはさまざまな違いがあり、国際取引においてリスクを回避し、取引を成功に導くためには、その違いを認識したうえで、備えておくことが肝要です。本書は、かかる問題意識から、特にこれから国際取引にかかわろうとする企業の経営者や担当者の方に向けて、国際取引にかかわる代表的なトラブルの予防法務とその解決策（出口戦略）を平易な言葉で解説しております。

本書では、まず、「**第１編　日本企業の渉外活動に潜むリスク**」の冒頭において、「**前章　法務の面からみた日本企業における渉外活動特有の留意点**」として、国際取引特有の留意点（ビジネス環境や文化・言語の違い、準拠法や紛争解決地の違い、地政学的リスク等）について説明し、さらに渉外活動において潜むトラブルを、「**第１章　現地法人のトラブル**」（自社の現地法人が現地で企業活動を行う場面におけるトラブル）、「**第２章　取引先とのトラブル**」（外国企業と取引を行う場面におけるトラブル）、「**第３章　取引先以外の外国企業等とのトラブル**」（取引関係にない外国企業への対応を行う場面におけるトラブル）の３つに整理して、それぞれのトラブルの概要を述べたうえで、**第２編**において、各場面での**予防策**を検討し、最後に、**第３編**において、**出口戦略**として、各場面で、実際にトラブルが生じてしまった場合の対応策を解説しました。

具体的には、「**第１章　現地法人のトラブル**」では、労働法、競争法、腐敗防止法、データ・プライバシー、人権、産業スパイ等の問題と、それらに起因した当局による調査等を採り上げ、それぞれ適切に対応するための事前・事後の対策を説明しています。

「**第２章　取引先とのトラブル**」では、債権回収上のトラブルとその他の債務不履行等を採り上げ、予防法務としての契約条項の検討、契約相手方との紛争処理手続としての裁判手続や仲裁手続等を解説しました。

「第３章　取引先以外の外国企業等とのトラブル」では、模倣品・海賊版、商標横取り（冒認）、NPE、職務発明、営業秘密、製造物責任を採り上げ、主に米国と中国におけるトラブルと法規制の現状、日本企業がトラブルに巻き込まれた際の対応方針等について説明しました。

2022年2月に起きたロシアによるウクライナへの軍事侵攻に起因する経済制裁のように、国際取引をめぐる環境は、刻々と変化しており、リスク回避のためには、常に最新の情報をキャッチアップしていく必要があります。本書では、最新の情報を記述するよう努めるとともに、どのようにすれば最新の情報を入手できるかについても記載するよう心がけました。

本書が、国際取引にかかわろうとされる多くの日本企業にとって、トラブルを回避し、ビジネスを成功させることの一助となれば、執筆者らにとって望外の喜びです。

最後に、本書の出版にあたっては、株式会社ぎょうせい出版事業部の安倍雄一氏はじめ同社の皆様に大変お世話になりました。また、中国の最新情報の入手に関して、君合法律事務所北京オフィスの高健弁護士に多大なご尽力を賜りました。紙面をお借りして、両氏に対し、ここに厚く感謝申し上げます。

2022（令和4）年6月

弁護士　服部　　誠
同　　広瀬　史乃
同　　牧　恵美子
同　　辛川　力太
同　　高岸　　亘

目　　次

第１編　日本企業の渉外活動に潜むリスク

第2編 国際取引トラブルの予防法務

第3編　国際取引トラブルの出口戦略

第1編

日本企業の渉外活動に潜むリスク

前章　法務の面からみた日本企業における渉外活動特有の留意点

Ⅰ　国際取引特有の留意点

国際取引[1]には､国内取引[2]とはさまざまな違いがある。その違いから認識のずれや予期せぬ事態が生じる可能性があるため、違いを認識し、それに備えることが重要である。以下は代表的な「違い」である。

1　ビジネス環境や文化・言語の違いがある

日本では重要な契約を締結する際に、厳格な社内決裁手続を経ることが通常であるが、海外ではそうでない場合がある。交渉の場にいるその人自身が決裁権限を有しており、交渉の場で直ちに決断を下すことがままある。そのような相手からは、自らも交渉の場で決断を迫られることがある。また、交渉の場からもち帰って社内決裁手続を経て交渉し直そうとすると、相手方から決まったことを蒸し返そうとするのかといわれ、理解が得られない場合がある。

2　準拠法や紛争解決地が日本と異なる

契約の準拠法が海外の法律とされている場合がある。その場合、契約の解釈にあたって、当該国または地域の法律の専門家の意見を尋ねることが必要となる場面がある。

また、紛争解決地が海外とされている場合がある。その場合、解決にあたり、当事者が協議により解決できなければ、当該国において裁判ないし仲裁等の紛争解決手段を用いなければならない。

1 本書において国際取引とは「日本企業が外国企業または外国当局との関係で対応を要する事案の総称」を指す。

2 日本企業または日本の当局との関係で対応を要する事案。

3　契約の締結に際して規制法令がある

たとえば、インドネシアでは言語法（Law No. 24 of 2009 on the National Flag, Language, Emblem, and Anthem）により、インドネシア政府、インドネシア法人、またはインドネシア人が関与する契約についてはインドネシア語で作成されなければならないとされている[3]。この法律によって、米国企業との間で英語で作成されたローン契約が無効と判断された最高裁判例がある[4]。

また、中国[5]では、2020年1月から施行されている外商投資法により、従来から運用されてきた、外国資本の投資参入段階で外国投資者の待遇に対して中国国内投資者の待遇を下回らないとする「参入前内国民待遇」や、特定の分野で外商投資に対して実施制限等の参入特別管理措置を定めた「外商投資参入特別管理措置（ネガティブリスト）」が規定されているので、まずはこれらの規定を確認して投資が可能か、投資後の会社の組織構成をどうするのか等を確認する必要がある。

このように各国には、思わぬところに、日本とは異なる規制があり得るため、それらの規制について違反することがないよう注意を払う必要がある。

4　地政学的リスク・カントリーリスク

地政学（geopolitics）とは、地理と政治学を掛け合わせて生まれた用語であり、政治的な現象とそれが生じた地理的条件との関係を研究する学問をいう[6]。

たとえば、政治学者であるイアン・ブレマー氏が設立した米国法人であるユーラシアグループは、毎年年初に地政学的にみた当年の10大リスクを発

3 Presidential Regulation No. 63 of 2019 on the Use of the Indonesian Language
4 日本貿易振興機構（ジェトロ）「インドネシアへの輸出事業を行う上での事業形態と留意点（2019年5月7日）」〈https://www.jetro.go.jp/biz/areareports/2019/d7d90af5d75a88a8.html〉。
5 香港・台湾は含まない。
6 新村出編『広辞苑〔第七版〕』（岩波書店、2018年）。

表している[7]。2022年の分析としては、①習近平のゼロコロナ政策の失敗、②「メタバース」など地政学上全く新しい次元の空間であるデジタル空間に対するガバナンスの欠如、③米国の中間選挙（共和党勝利によるトランプの再選への動きの高まり）、④中国の国内回帰（テクノロジーの中国国内での自給自足の強化）、⑤ロシア（ウクライナ国境での軍事強化による米国およびNATO同盟国との緊迫関係）、⑥イラン（イランによる核開発と米国による経済制裁とそれによる原油価格への影響）、⑦環境対策（望まれる脱炭素化の目標と実際のエネルギー需要および投資が調和していない問題）、⑧力の空白地帯（アフガニスタン、サヘル地区、イエメン、ミャンマー、エチオピア、ベネズエラ、ハイチ等に対し米中初め誰も対応できていない）、⑨社会問題へ対応を誤った企業の失墜（職場の多様性、環境、人権などへの対応を誤った多国籍企業が市場から閉め出されるリスク）、⑩トルコ（2023年に再選を目指すエルドアン大統領が経済悪化から国民の目をそらすために強行的な外交を行うリスク）があげられている。実際、たとえば上記⑤に関し、2022年2月24日、ロシアがウクライナに対して軍事侵攻したことを契機として、米国、EU、日本等において大規模な経済制裁が発動されており、ロシア企業やロシア関連ビジネスを行う企業にとって非常に大きな影響を与えている。また、軍事侵攻が長びけば、ロシアからの原油、天然ガス等の輸出の停滞によって、エネルギー価格が高騰し、世界経済に大きな打撃を与えることになる。このような地政学的なリスクによって、ある業種や場所をターゲットとした規制が強化されたり、情勢の影響を受けてビジネスが行えないなどのトラブルが生じる可能性がある。そのため、契約時においては、このようなリスクを踏まえて、契約の解除条項や撤退事由を定めておく等の対応が求められる。

このように、国際取引には、日本企業との間の国内取引にはないさまざまなリスクがあるため、その「違い」を認識したうえでそれに合わせた対応を

---

7 Eurasiagroup「TOP RISKS 2020」〈https://www.eurasiagroup.net/siteFiles/Services/EurasiaGroup_TopRisks2022_Japanese.pdf〉

とる必要がある。

Ⅱ　国際取引においてトラブルが潜む場面

以上のような「違い」から、日本企業が渉外活動において巻き込まれるトラブルは、以下の３つの場面に整理することができる。

①　自社の現地法人が現地で企業活動を行う場面（現地特有の規制法、不祥事発覚等）（以下、「現地法人のトラブル」という）

②　外国企業と取引を行う場面（商品やサービスの輸出、設立した現地法人との取引、外国企業の製品の輸入）（以下、「取引先とのトラブル」という）

③　取引関係にない外国企業への対応を行う場面（自社の権利の侵害等）（以下、「取引先以外の外国企業等とのトラブル」という）

本書では、上記の３つの場面に分けて、まず本編において、トラブルの例をあげたうえで、第２編において、それぞれの場面ごとに予防策を検討し、さらに、第３編において、出口戦略として、それぞれの場面における、実際にトラブルが生じてしまった場合の対応策を説明する。

第1章 現地法人のトラブル

海外に設けた子会社や外国企業との間で設立した合弁会社においてトラブルに巻き込まれることが少なくない。トラブルの類型としては、以下で紹介するように、現地従業員が関係する不祥事や紛争、これらに起因した当局による調査等、さまざまなものが考えられる。

これらのトラブルが生じる要因には種々のものが考えられるが、海外拠点に対するガバナンス・コントロールが十分に及んでいないことが往々にして見受けられる。これは、本社における現地法制度や文化への理解が十分でなく、効果的なガバナンス・コントロールの実施ができていないことに起因することが多い。あるいは、本社、もしくは本国から海外拠点に出向いている本社従業員等において、現地の法制度や文化について正しい理解をもち合わせていないことも要因として考えられる。言語の違いも無視できないであろう。

以下、日本企業が海外子会社等を通じて巻き込まれる諸問題を紹介する。

Ⅰ　労働問題

1　従業員対応に関する不祥事

従業員対応に関する不祥事としては、まず、現地法人で雇い入れる現地の従業員との間のトラブルが考えられる。日本における労働問題と同様、さまざまな問題が考えられるが、従業員の権利意識がより強い国においては、いわゆる日本でいう「サービス残業」のような、本来支払うべきものが支払われていなかったという問題だけでなく、雇用・昇進・解雇にあたっての差別やセクシャルハラスメント等が問題になることが多い。

大きく報道された例でいうと、ある自動車メーカーの米国現地法人でセクシャルハラスメントの問題が生じた。従業員らが行政組織である雇用機会均等委員会（Equal Employment Opportunity Commission, EEOC）に被害を申告したところ、EEOCにより調査が行われるに至った。その後、従業員のうち26名は連邦地裁に民事訴訟を起こすとともに、EEOCも、調査の結果、セクシャルハラスメントが深刻なものであると判断しクラスアクションを提起した。その件では日本の親会社側が直ちに適切な対応をしなかったことによって、事態を黙認しているものと受け止められ、米国で大きな社会問題となり、同社製品の不買運動にまで発展した。最終的には訴訟は和解で解決されたものの、950万ドルもの支払いを余儀なくされた。一方、他の自動車メーカーにおいても、2006年に、米国現地法人トップによるセクシャルハラスメントの問題が報道された。もっとも、問題発覚から3日後には第三者委員会を立ち上げる等、直ちに危機管理対応を講じたことにより、早期に事態は収束し、大事には至らずに済んだ。

このような問題が生じる背景として、問題のある上司の属人的な要素に負うところも少なくないであろうが、本国との文化の違いや権利意識の程度に起因する面も否定できないであろう。近年ではグローバル化の進展に伴い、地域による人権意識の差が縮まりつつあるともいえ、上記のような事例における対応を問題視する土壌も整いつつあると思われるが、それでも依然として、日本独自の伝統的なものの考え方が言動に表れ、それが海外においては極めて悪質と受け取られることもあり大きな問題に発展する可能性は否定できない。

したがって、海外に駐在する担当者個々人の意識の問題ではなく、組織として、このような問題が生じないよう適切な対応を行う必要がある。

2　雇用調整に関する問題

グローバルに事業を展開する多くの企業にとって、各地域の状況に応じた人員調整は避けて通れない課題である。ある地域で新規に事業を展開するにあたり現地人員を採用したものの、事業がうまくいかず縮小する、あるいは事業自体は堅調であるものの全社的な方針として当該地域から撤退することとしたような場合、現地従業員との雇用契約の解消について検討することになる。

そして、国によっては従業員の懲戒や解雇にあたって独自の法規制を設けている国もあり、それを知らずに行った処分について違法性が問題となる例もある。たとえばインドネシアにおいては、従業員に強い権利が与えられ、解雇事由が極めて限定的に解されており、犯罪行為を理由とした懲戒処分を行うためには当該犯罪行為についての有罪判決が確定していること等を要する。また、企業側の意思表示によって一方的に解雇することはできず、裁判所の決定を得る必要がある。さらに、合意による退職にあたっても一定の手続に従う必要があり、合意書について登録を行うことを要する[8]。これらの手続を履践せずに、企業側としては労働関係が解消できたと認識していたところ、従業員側から、手続の不備を指摘され、（追加の）金銭的補償を余儀なくされ、あるいは解雇自体不可能となることもありうる。

そのような場合、不必要な支出が必要になったり、グローバルでの人員体制や事業の計画に狂いが生じるだけでなく、不適切な対応を行った場合には、社会問題に発展する可能性も否定できず、事業に及ぼすリスクは計り知れない。

したがって、現地人員を採用する段階から、契約解消の難易度なども加味して、どのような形態で人員を採用するのか検討する必要がある。

3　労務管理等に関する問題

たとえば残業代の支払いについても同様のことが起こり得る。日本の労働法を念頭において、管理職に残業代を支払わない運用を続けていたところ、実は、現地法制上、管理職であるからといって残業代を不支給とすることは認められていなかったということがあり得る（たとえば中国では残業代の支払

8 厚生労働省「2016 年海外情勢報告」〈https://www.mhlw.go.jp/wp/hakusyo/kaigai/17/〉30 頁。

いの免除を受けるためには、契約のほか、現地の管轄部門に対して「不定時労働制」の申請・許可の手続の履践が必要となる[9])。かかる場合、不払いの期間によっては相当多額の金銭の支払いを余儀なくされることも想定される。また、残業代等の不払いのまま会社の清算をしようとすると問題が生じるので注意が必要である。

さらに、国によっては、従業員側の権利行使の態様も大きく異なる。日本における労働組合のように従業員同士が団結して企業側と対立することとなったり、従業員側の対応が感情的になりやすかったり、なかには従業員の家族まで巻き込み、会社に押しかけて騒動になるような場面も生じ得る[10]。

以上のように、雇用法制や文化の違いや、労働者の権利意識の違いが存在するにもかかわらず、これらを十分意識することなく、日本におけるのと同様の対応に終始することにより、後に大きな問題に発展することもあり得る。

したがって、現地雇用法制や文化を十分理解したうえで、適切な労務管理を実施することが必要となる。

4　現地従業員による不祥事

現地従業員が業務に関連して違法行為に加担してしまう可能性も払拭できない。以下で述べるところとも重なるが、たとえば（多くの国でそうであるように）現地公務員への金品の供与が法律で禁じられている国において、現地法人で雇用した従業員が、現地の慣習に従い公務員に金品を供与してしまった場合、法人としても責任を問われることが十分に考えられる。贈収賄規制に限った話でなく、次項で述べる競争法違反や刑法犯についても同様である。

当然に違法だという意識が共有されているはずであるとか、当社に入社す

9 日本貿易振興機構（ジェトロ）北京事務所ビジネス展開支援部・ビジネス展開支援課「中国の労務管理ポイント総ざらい――採用から退職まで――（2018年9月）」〈https://www.jetro.go.jp/ext_images/_Reports/02/2018/f5f592d869cd724a/201809cn.pdf〉9頁。
10 日本貿易振興機構（ジェトロ）「中国特有の人事管理の難しさと日系企業の対処法を解説――天津で労務問題セミナー開催（1）――（2016年9月30日）」。

るくらいの学歴を有する者であればそのようなことを行わないはずであるとか、日本の基準を前提に判断してしまうと思わぬところで足をすくわれてしまう。また、これまではこの程度であれば違法でなかったとか、他の会社もやっているといった言い訳は、法的な抗弁にはなり得ない。

これらのことからすれば現地で散見される典型的な問題については、現地の専門家を通じて事前に把握したうえ、現地従業員にコンプライアンス意識をもってもらうために適切な施策を講ずる必要がある。

Ⅱ　競争法違反

1　トラブルの事例

⑴　同業他社間の合意（カルテル等）

多くの国では、同業他社間で共同して製品価格を引き上げたり（カルテル）、競争入札にあたって示し合わせて受注予定者を決定したり（入札談合）、あるいはその他の手段を使って市場における健全な競争を妨げる行為が、競争法によって禁じられている。日本においては私的独占の禁止及び公正取引の確保に関する法律（独占禁止法）が「不当な取引制限」としてこれを禁じている（同法３条、２条６項）。

国際的な事業を営む企業において、こうしたカルテル等の競争法違反が問題となるケースも多くみられる。一時期、日本企業を対象にした海外当局の法執行が盛んに行われ、日本企業が巨額の罰金を科された事例の報道が多くなされていた。

たとえば2012年頃に米国競争法違反が問題となったいわゆる自動車部品カルテル事件では、相当多数の日本企業が巻き込まれることとなったが、最も多額の罰金を科された企業は、４億7000万ドルもの支払いを命じられている。また、同じ時期に欧州競争法違反が問題となったブラウン管カルテル事件では、２億5000万ユーロの罰金の支払いが命じられている[11]。

日本においても2006年に課徴金減免申請制度が導入されたことに伴い、

違反の端緒が発覚しやすくなり、法執行の活発化の動きもみられないではない。もっとも、後記３で述べるように一部の地域の海外当局（特に米国や欧州）は伝統的に法執行に対して極めて積極的であり、これらの法域における競争法違反は、事業上の大きなリスクとなり得る。

⑵　取引先との不当な取決め（再販売価格拘束）

取引先との合意についても、それが市場における競争を妨げるようなものであれば、競争法上禁じられていることがある。典型的なものは、メーカーが卸売会社に対して、卸売会社による販売価格を約束させるような場合である（再販売価格拘束という）。メーカーにおいて、自社製品の流通価格の下落を防ぐことを目的に、このような取決めがなされることがある。

実際、英国の競争当局である競争・市場庁（Competition & Market Authority, CMA）は2019年から2020年にかけて、複数の日系の楽器メーカーに対して、その英国における現地法人による再販売価格拘束を理由に制裁金を科しており、その額は日本円にして５～６億円に上る。

なお、前記⑴のカルテル等は、おおむねどの国でも違法とされているうえ、積極的に執行されているが、再販売価格拘束については国によって考え方が異なる。すなわち、米国においては、再販売価格拘束は個々の事案ごとに違法性が判断され、その中では、再販売価格拘束を行うことによって競争が促進される効果についても加味される。他方、英国を含む欧州においては、より厳しい立場がとられており、限られた例外的な場合を除いては違法とされている[12]。

したがって、各地域における流通戦略を検討するにあたっては、このような各国の規制状況や執行当局の対応スタンスも考慮に入れなければならな

11　経済産業省「企業の独占禁止法コンプライアンス強化に向けた日米欧における競争法違反発覚後の実務調査報告書（2019年３月）」〈https://www.meti.go.jp/policy/kyoso_seisaku/tyousahoukokusyo.pdf〉２頁。

12　TFEU101条１項、垂直一括適用免除規則４条(a)。なお、例外的な場合としてTFEU101条３項、垂直的制限に関するガイドライン225項。

い。

2　域外適用の可能性

ここで注意を要すべき点としては、ある国（A国）の当局が、他の国（B国）の企業に対して、その国（A国）でカルテルが行われたわけではないにもかかわらず、競争法違反を問題として、法執行をしてくる可能性がある。たとえば日本企業のマレーシアにある営業拠点において、同業他社と、同一市場に属する製品について価格引き上げの合意を行った場合であっても、当該製品の需要者が米国にある場合には、当該カルテルによって米国の市場が影響を受けたとして、米国当局による調査の対象となり得る。このような法執行の考え方を「効果理論」という。

したがって、拠点のある国だけではなく、顧客が所在する国、あるいは製品が流通する国の競争法制にも留意しなければならない。

3　厳格な執行方針

各国当局によって競争法の執行状況は大きく異なるのが現状であるが、米国や欧州は比較的盛んに法執行を行っており、米国の競争法違反の場合には、関与した者が実際に収監される例も少なくない。

中国は、2021年4月に入ってから、トヨタと滴滴（DiDi）が2019年に実施した合弁会社設立の際、事前に必要な届出を行っておらず、競争法の企業結合の規定に違反したと認定して罰金を科す等、最近になって過去の手続違反を指摘し執行にかかるケースがみられる。

さらに、国によっては、当局による法執行だけでなく、カルテルによる価格上昇により損害を被った需要者を代表したクラスアクションが提起される可能性もある。そのような国の中で、米国は、いわゆる懲罰賠償とよばれる、実際の損害額よりも加算した金額の金銭賠償が認められる可能性があるため、リスクが大きい。そのため、各国で事業展開をする際には、それぞれの国の競争法の規制内容や執行体制等も勘案したうえ、リスクの評価を行い、必要な対策を講じる必要がある。

4　中国の競争法についての傾向

競争法の執行状況は、欧米が先行していたが、近年では中国でも積極的に法執行がなされるようになっている。たとえば、2021年4月10日、中国の国家市場監督管理総局がインターネット通販最大手のアリババグループに対して、競争法に違反したとして約182億人民元（日本円で約3000億円）の罰金を科したと発表した。これは全世界の独占禁止法違反に対する罰金としては過去最高額ともいわれている。アリババグループが独占的な立場を利用して、インターネット通販に出店する企業に対し、他のインターネット通販サイトに出店させないようにした行為について、インターネット通販市場の競争を制限したものとして、上記の罰金と同時に、今後3年にわたって当局に対して改善状況を報告することを義務づけた。

また、2021年4月、中国の寧波市中級人民法院は、日本のメーカーによる中国企業への特許ライセンスの提供拒絶が中国独占禁止法における市場支配的地位の濫用行為に該当するとして、取引拒絶の停止および490万人民元の損害賠償を命じた。本判決は、中国で特許権者の行為が市場支配的地位濫用行為に該当すると判断されたいわゆる標準必須特許に関連するものではない初の判断として注目を集めた。

さらに、中国の競争法の近時の傾向としては、罰金額が高額となっていることが指摘される[13]。

Ⅲ　腐敗防止法

日本企業の現地法人が海外腐敗防止法違反の嫌疑をかけられる事案も後を絶たない。

海外腐敗防止法とは、外国公務員に対する一定の利益供与（贈賄等）を禁

13　商业实战热门「首例非标准必要专利拒绝许可垄断案，何谓非标准必要专利？」〈https://www.shangyexinzhi.com/article/3699551.html〉

止する法規制であり、近年では多くの国で制定されている。日本法では不正競争防止法18条が外国公務員等に対して職務に関する行為をさせること等を目的として金銭その他の利益を供与することを禁じている。

日本においても不正競争防止法の執行事例が聞かれるが、それよりも、海外、特に米国の腐敗防止法（Foreign Corrupt Practices Act, FCPA）は執行が盛んであり、非常に高額な制裁金が科せられることから、特に注意を要する。

たとえば、航空機向けの娯楽システムを提供するある日本企業の米国子会社が、中東における国営航空会社との７億ドル規模の契約を受注するため、政府関係者を自社の顧問として採用していた事案において、米国証券取引委員会は、賄賂にあたると判断した。その他、当該米国子会社の不正会計等の容疑もあり、当該米国子会社およびその親会社は、合計２億8060億ドルの制裁金の支払いを余儀なくされた。

また、ナイジェリアの液化天然ガスプラントの建設プロジェクトにおいて、ある日本企業が参加する国際コンソーシアムが、プロジェクトの受注のために、ナイジェリア政府機関の役職員に対し、エージェントやコンソーシアム参加企業を通じて約１億8000万ドルを支払い、結果として約10年の間に合計約60億ドル分の契約を受注したことに対し、FCPA違反の嫌疑により15億ドルを超える制裁金が科され、最終的には和解により決着したが、それでも２億1880万ドルの支払いを余儀なくされたケースがある。この件では、贈賄がなされた相手はナイジェリアの公務員であり、贈賄がなされた地も米国外である。この件では、コンソーシアムのメンバーであった企業のうち、米国企業や、米国に株式上場していたフランス企業についてFCPAが適用されているほか、これら企業と共謀、幇助していたとのことで、当該日本企業についてもFCPA違反に問われることとなった。

以上のように直接的な契約上の利益を享受するために行われたような贈賄に限らず、より微妙な形での利益供与も問題となり得る。

特に、政府が裁量で与えている許認可が必要な局面において、裁量を有利に行使してもらうために利益提供がなされる（公務員側が利益提供をもちかける）ことが多く、現地における許認可がかかわる業種は特に注意が必要である。

なお、執行が盛んなのは米国のFCPAであるが、英国のUKBA（UK Bribery Act）はじめ、各国が独自の海外腐敗防止法を定めている。禁止の対象となっている利益供与や、外国公務員の定義が国によって異なるうえ、さらに、国によっては一定の範囲の利益供与が認められている場合があるものの、その範囲も国によってまちまちであり、規制状況は複雑である。また、中国などのように、商業賄賂、つまり公務員ではない民間企業に対する贈賄を禁ずる国もある。

さらに日本企業による対応を困難にしているのが、国や地域によっては、季節的な贈答がなされる慣習や、一定の便宜を受けるために公務員に対して利益供与が比較的日常的に行われているという実務慣行があり[14]、そのような利益供与なしには業務が円滑に進まないといった事情が事実として存在していることである。

したがって、現地における実務や慣習等を踏まえ、違法な運用となってしまわぬよう、現地弁護士ら専門家の意見を確認する等、適切な対応方針を策定する必要がある。

Ⅳ　データ・プライバシー

1　日本国内における問題

近年、プライバシーにまつわるデータの流出などが大きな問題として取り上げられることが増え、各国において、主に自国民のデータを収集し取り扱う事業者に対し、データ管理にあたっての規制を設ける例が非常に多くなっ

14 Transparency International〈https://www.transparency.org/en/cpi/〉は各国の腐敗認知指数（Corruption Perceptions Index）を公表しており、現地の状況をおおよそ把握するのに有益である。

てきた。

日本においても、2014年に通信教育大手の企業が管理する顧客情報約3500万件が、グループ企業で勤務していたエンジニアにより外部に持ち出され、名簿業者に売却されるという事件が生じた。この際は持ち出したエンジニアについては不正競争防止法違反により実刑判決が下され、持ち出された企業に対して顧客より損害賠償請求訴訟が提起されるとともに、役員責任を追及する株主代表訴訟が提起されるに至った。認められた損害額は必ずしも高額ではなく、請求は棄却されたが、企業側は任意の対応として情報流出のあった顧客１人あたり500円の金券を配布する対応を行った。

その後、2015年に個人情報の保護に関する法律が改正され、翌2016年には同法違反があった場合の勧告・命令権限を付与された個人情報保護委員会が設置され、それ以降、個人情報の取扱いに問題のあった事例については、同委員会による調査や勧告・命令がなされ、それ自体が耳目を集めるようになった。

たとえば、就職活動サイトを提供していたある人材系大手では、ユーザである学生の、サイト上での行動履歴等を分析し、顧客企業の採用内定を辞退する確率（内定辞退率）を予測して、これを顧客企業に提供していたが、かかる内定辞退率の提供を受けた企業側において特定の個人を識別できる状態であったにもかかわらず、ユーザ（学生）側による第三者提供に係る同意を取得していなかった。かかる事案について、個人情報保護委員会は報告聴取等による調査を行ったうえ、当該企業に勧告を行った。

2　海外への広がり

以上で述べたことは基本的には日本国内の出来ごとであるが、外国に設けた子会社等の拠点においても、同様の問題（つまり、顧客に関する情報の流出と、これに伴う顧客からの請求や、当該国の行政機関による調査や行政指導といった干渉等）がある。

さらに、日本国内の親会社がこれら海外の問題に巻き込まれる可能性もあり得る。前記１で述べた事案では、流出が生じた企業の事業内容等に照らして、情報が流出・使用された顧客ないしユーザは、基本的に国内のものであったと考えられるが、事業の内容によっては、海外の顧客の情報を取り扱うということもあり得るところ、海外の顧客からの損害賠償請求や、海外当局による調査や制裁金の支払命令等がなされる可能性も否定できない。

実際、個人情報の保護に関して現在の日本におけるよりも厳格な法制を設け、その執行もはるかに盛んな地域もあり、その典型例は欧州である。欧州連合は2018年に一般データ保護規則（GDPR）を制定し、個人情報の取扱いについて、後に説明するような厳格な規制を設けているうえ、違反した際には極めて高額にわたる制裁金を科すこととしている。ある報告[15]によると、2020年の単年で科されたGDPR関連の制裁金は総額1億5850万ユーロ（日本円にして約200億円）にも上り、2020年に1企業に科された制裁金の最高額は2200万ユーロ（約27億円）にも上った（しかもこれは新型コロナ禍を理由とした相当額の減額がなされた後の金額である）。

今のところ、日本企業にGDPR違反によりこれらに比肩するような多額の制裁金が科された事例は報告されていないが、決して他人ごとではなく、時間の問題かもしれない。

欧州だけでなく、米国の各州が制定する法律や、近時動きのある連邦法、あるいはアジア地域においても国によっては比較的厳格な個人情報保護法制を設けるものもあるため、事業を行う地域の実情に照らした、十分な措置を講じておく必要がある。

特に、前記1で述べたようなデータの流出や同意に基づかない使用さえしなければよいということではなく、域内に当局からの通知を受領する代理人を設ける義務や、データ流出があった際には一定期間内に当局に報告する義務等が設けられていることもあるため、留意が必要である。

15 DLA PIPER「DLA Piper GDPR fines and data breach survey: January 2021」（2021年1月19日）〈https://blogs.dlapiper.com/privacymatters/dla-piper-gdpr-fines-and-data-breach-survey-january-2021/〉

Ⅴ　人　権

近年、企業活動における人権尊重の促進を求める機運が高まっている。前記Ⅰ（労働問題）やⅣ（データ・プライバシー）も、それぞれ、従業員やデータの主体の人権とかかわるものであるが、これらのように、企業が直接に人権に何らかの影響を及ぼすということだけでなく、企業活動において、間接的に人権に影響を及ぼす点についても考慮され始めている。

具体的には、自社の従業員や自社の顧客との関係で人権を尊重するだけでなく、自社との取引先において、当該取引先の従業員や、さらにその関係先の人権を尊重させるようにすべきと考える動きがある。

その背景として、2011年に国連人権理事会で「ビジネスと人権に関する指導原理」（以下､「指導原理」という）が承認されたことがあげられる。従来、国連における人権尊重の枠組みとして「国際人権章典」や「ILO中核労働基準」等が存在したが、これらはあくまで、国家による人権保護を唱えたものであった。指導原理においては、人権尊重の主体として企業もあげられるようになった点が画期的である。

日本では、指導原理の承認に基づいて、2016年12月の国連における「ビジネスと人権フォーラム」において、数年のうちに国連が求める「ビジネスと人権に関する国別行動計画」を策定することを表明し、2020年2月には、2020年から2025年にかけての「『ビジネスと人権』に関する行動計画」が策定されるに至った[16]。

その中で､5項目ある「行動計画」の「基本的な考え方」に「サプライチェーンにおける人権尊重を促進する仕組みの整備」との項目が設けられるとともに、「政府から企業への期待」として、人権デュー・ディリジェンスのプロ

16　法務省「『ビジネスと人権』に関する行動計画（2020–2025）について」〈http://www.moj.go.jp/JINKEN/jinken04_00105.html〉。

セスの実施が掲げられている。人権デュー・ディリジェンスのプロセスは、「企業活動における人権への影響の特定、予防・軽減、対処、情報共有を行うこと」とされている。

したがって、今後は、自社において人権を遵守していれば足りるということではなく、サプライチェーン、つまり取引先企業における人権遵守状況についても把握をしておくことが求められることになる。

以上は日本における状況であるが、海外諸国の各企業においても、同様の取組みが求められており、たとえば英国で2015年に制定された現代奴隷法では、英国で事業を行う企業のうち、世界売上高が3600万ポンド（約50億円）以上の企業については、グローバルサプライチェーンにおける強制労働や人身取引の有無に係るリスクを確認したうえ、毎年、奴隷および人身売買が行われていないことを確保するための手順に関する声明を作成することが義務づけられている。

また、企業におけるサプライチェーンでの人権侵害の把握を求める枠組みは、国連だけではない。OECDは2011年に「紛争地域及び高リスク地域から鉱物の責任あるサプライチェーンのためのデュー・ディリジェンス・ガイダンス」を公表しており、コンゴ共和国など、希少金属をめぐる紛争が生じている国において企業が鉱物を調達するに際し、間接的に紛争に手を貸してしまうことのないよう、確認の枠組みを提供している。

そのため、納入先より、紛争地域から問題のあるルートで購入した希少金属を取り扱っていないことの表明を求められた際に、漫然と調達先の状況を把握せぬまま表明をし、結果的に、かかる表明が虚偽であったとして債務不履行等の責任を問われる事態に発展しかねない。また、直近の例では、国際的なファストファッション企業が、中国において人権侵害が疑われる地域から原料を購入したのではないかと報道され、レピュテーション上問題になり得た事例がある。

このように、サプライチェーンにおける人権遵守は、ビジネス上のリスクとなりうる。

Ⅵ　産業スパイ

ビジネス上の理由により現地視察や交渉のため外国に入国したところ、突然、産業スパイの疑いをかけられて拘束され、長期間日本への帰国ができなくなるという事例が散見される。場合によっては、企業秘密にわたる情報だけでなく、国家の安全にかかわる情報の持ち出しが疑われることもありうる。

実際、日本企業従業員が中国の国家安全局に身柄を拘束され、国家機密情報窃盗罪により起訴され、実刑判決が下される事例も出てきている。

このように、機密情報の取扱いに関して国境をまたいだトラブルに発展する事例が散見されている。自社の情報流出に対する十分な対策と、（たとえば、機密性の高い製品を製造する工場の周囲をカメラを持ってうろつく等）他国における情報盗用を疑われ得る行動をとらないよう役員・従業員を教育することの重要性が増している。

第2章 取引先とのトラブル

Ⅰ　債権回収のトラブル

取引先とのトラブルの中で、最も頻繁に起こりうるのは、債権回収のトラブルであろう。債権回収のトラブルは、売掛金を払ってもらえない、紹介料や手数料を払ってもらえない、などといった事案から、突然取引先が倒産してしまい裁判所からの通知が届くなどの事案がある。

Ⅱ　国際取引特有のリスク

1　準拠法のリスク

国際取引において、契約の解釈に争いが生じたときには、まず、どの国の法律に準拠して契約を解釈するのか「準拠法」を定める必要がある。準拠法は、強行法規により定められる場合を除き、国際私法のルールに基づいて定められることになる。わが国においては、準拠法に関して、法の適用に関する通則法（以下、「通則法」という）が定められている。通則法の定めによれば、法律行為の成立および効力は、当事者が当該法律行為の当時に選択した地の法によるとされている（通則法７条）。そのため、国際取引においては、当事者間の契約で準拠法について定めることが多い。契約に自国（日本）法を準拠法とする定めがある場合には、その定めに従い、日本の法律により契約を解釈することになる。しかし、契約において自国以外の国の法律を準拠法として定めていた場合、当該国の法律に思いがけない規定や解釈があることにより、トラブルが生じる可能性がある。たとえば、損害賠償請求の賠償額に関する規定や時効についてもそれぞれの国により異なる。

また、契約に準拠法の定めがない場合には、どの国の法律が準拠法となるかが問題となる。その場合には、国際私法の原則（日本でいえば法の適用に関する通則法）に従い、どの国の法律を適用すべきかが決定されることになるが、相手方が考える国際私法の原則と通則法とが異なっている場合など、どこの国の法律を準拠法とすべきかについて争いが生じる可能性がある。

2　地政学的リスク

地政学上の問題から、取引上のトラブルが生じる可能性がある。

現在、その代表的な例が米中間の貿易紛争である。たとえば、2021年１月、米国税関当局・国境取締局（CBP）は、日本の大手ファッションメーカーが製造販売するシャツの米国への輸入を差し止めたと発表した。報道によれば、このシャツの生産に少数民族ウイグル族に対する強制労働が行われている団体の関与が疑われるためであるという。かかる米国当局による措置を受け、当該日本企業は、製品の原材料の原産地証明書類や、紡績から縫製に至る生産工程の情報などを提示することを余儀なくされた。

また、経済制裁の動向についても注視する必要がある。たとえば、米国においては、米国財務省外国資産管理室（OFAC）が、外国企業の所有する米国内資産に関する規制を統括しており、特定の国[17]ないし個人または団体（による制裁リスト（SDNリスト）[18]に掲載されている個人や団体）と取引することを禁止している。これに違反すると刑事罰または行政罰の対象となる（一次制裁）。一次制裁の対象は、主に米国企業および米国人であるが、外国企業であっても、米国企業または米国人により支配・管理されている場合、米国において行為が行われた場合、米国企業または米国人と共謀した場合等には、

17 U.S.DEPARTMENT　OF THE TREASURY「Sanctions Programs and Country Information」〈https://home.treasury.gov/policy-issues/financial-sanctions/sanctions-programs-and-country-information〉

18 Office of Foreign Control「Sanctions List Search」〈https://sanctionssearch.ofac.treas.gov/〉

一次制裁の対象となる。それに加えて、一次制裁の対象とならなくても、制裁対象国ないしSDNリスト掲載者（それらの者が実質的に50％以上の支配権を有する場合も対象となり得る）との間で直接的または間接的に重大な取引を行った者は、米国への入国禁止等の制裁（二次制裁）が科されるほか[19]、自身もSDNリストへ掲載される可能性がある[20]。外国企業が米国当局の制裁の対象となった事例としては、中国の大手通信機器メーカーが、米国製の機器およびソフトウェアを米国の制裁対象国であるイランに継続的に販売していたことを米国当局に摘発され、米国により機器およびソフトウェアの輸出が禁止され、巨額の罰金が科された例がある。日本企業について、このような大型の事例はないものの、投資先や販売先に対する米国の制裁が強化されることにより取引が打ち切られたり、買収先が米国制裁対象行為を行っていたために罰金を科されることになるなどのリスクが考えられる。

他方、中国は、2021年6月、中国企業に対する外国の「差別的措置」への協力を禁止する「反外国制裁法」を制定し、即日施行された。日本企業についても、同法に基づき、米国側に立ち、中国企業への差別に協力したとみなされれば、損害賠償請求の対象となる可能性がある。

さらに、近時は、ミャンマーでの外資系企業の事業リスクも問題とされている。韓国の大手鉄鋼会社は、株主から、現地企業との合弁事業が国軍系企業の資金源になるとの批判を受け、合弁事業の解消を発表した。

外資規制がある国でビジネスを行う際には、現地企業と組む必要があり、組む相手が国軍系になる場合もあり得る。特に、政府開発援助（ODA）の一環として円借款の供与のあるインフラ事業等においては、国軍系企業が関与する可能性が高い。ミャンマーでは、いくつかの日系の建設事業者が国軍系と組んでおり、国軍による国民に対する弾圧が強まるにつれ、指摘を受ける

19 たとえば、Section 231 of the Countering America’s Adversaries Through Sanctions Act
20 たとえば、International Emergency Economic Powers Act

ようになっている。このような動きを受けて、ミャンマーでの事業の見直しの動きが一段と広がる可能性がある[21]。

地政学的リスクは、歴史の積み重ねによって生じるリスクではあるが、2022年２月に起きたロシアによるウクライナに対する軍事侵攻とそれに起因する経済制裁のように、予想しない時期に起きることもある。

3　社会問題リスク

上述した大手ファッションメーカーに対する米国当局による措置の背景には、米中の政治的な対立だけでなく、国際的な人権問題への意識の高まりがある。

人権問題への意識の高まりは、世界各国でみられる。2015年、英国は、現代奴隷法を制定した[22]。強制労働や人身売買（総称して「現代奴隷」）を犯罪と位置づけ、これを行った者には無期懲役を含む厳しい刑罰が科されることとなった。本法律は、企業の現代奴隷に対する取組みの透明性を担保するために、一定の規模以上の企業に自社の取組みに関する報告書の公表を義務づけている[23]。もっとも公表を怠っても直ちに罰則の適用はないため、実際には要件を満たす企業の34％が公表を怠っていると報じられており[24]、英国政府は2017年企業に公表を促すガイダンスを発表している[25]。

また、最近では特に、Black Lives MatterやLGBTQなどが活発に語られるようになったことからも明らかなとおり、多様性に対する意識の高まりも

---

21 日本経済新聞2021年４月16日付「ミャンマー事業に『国軍』リスク　ポスコなど合弁解消へ――傘下130社　『資金源』に株主などから批判」〈https://www.nikkei.com/article/DGXZQOGM31DAS0R30C21A3000000/〉。

22 Cookies on GOV.UK「Collection Modern Slavery Act 2015」〈https://www.gov.uk/government/collections/modern-slavery-bill〉

23 現代奴隷法54条（Cookies on Legislation.gov.uk「Modern Slavery Act 2015」〈https://www.legislation.gov.uk/ukpga/2015/30/contents〉）。

24 Chartered Institute of Procurement & Supply「CIPS News」〈https://www.cips.org/who-we-are/news/〉

25 Cookies on GOV.UK「Home Secretary Foreword」〈https://www.gov.uk/government/publications/transparency-in-supply-chains-a-practical-guide/transparency-in-supply-chains-a-practical-guide〉

顕著である。

さらに、脱炭素の動きや脱プラスチックなど温暖化防止や環境に配慮する意識も高まっている。その結果として、温暖化ガスを排出する企業だけではなく、それらの企業に対して融資を行う金融機関に対しても、株主から強い批判が向けられるようになっている[26]。

このように、世界各国において、国際連合（以下、「国連」という）が掲げる人権や差別、環境など17の目標（SDGs）への意識が高まっていることに鑑みると、各国において、それに反した行為に対する規制を強化する可能性があり、企業にはそれに適時に対応する姿勢が求められる。

4　為替リスク

為替により契約金額やコストが想定より増減するリスクもある。主に商品を輸出することの多い企業にとっては円高の影響が、原料等を海外で調達することの多い企業にとっては円安の影響が大きい。また、海外送金の方法も実際には複雑であることが多く、たとえば、海外の企業グループと債権債務の相殺（ネッティング）をしようとする場合など、簡単にみえても、為替管理上、相殺が認められない国もあるため、慎重な事前調査が必要になる。わが国でも、相殺はかつて特殊な決済方法にあたり、旧大蔵省の事前の許可が必要とされていた。1988（平成10）年4月の外国為替及び外国貿易管理法（以下、「外為法」という）改正により現在は自由にできるようになったが[27]、相殺金額が3000万円相当額を超える場合は、外為法上、相殺を実行した日の翌月20日までに「支払または支払の受領に関する報告書（銀行等または資金移動業者を経由しない支払または支払の受領）」を日本銀行に提出することが必要

26　日本経済新聞2021年4月22日付「脱炭素、銀行にも変革迫る――世界でグリーン融資急拡大　企業への規制強化、高まる損失リスク」〈https://www.nikkei.com/article/DGKKZO71232720R20C21A4EE9000/〉。

27　日本貿易振興機構（ジェトロ）「デビット・ノート方式による代金請求方法：日本」〈https://www.jetro.go.jp/world/qa/04A-010820.html〉。

〔図表１〕　海外の企業グループとの債権債務の相殺（ネッティング）

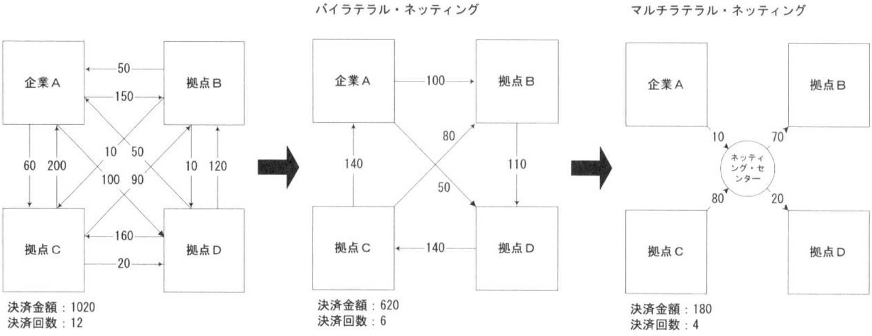

（出所）野村総合研究所作成

である[28]。

このように、実際の取引の際には、為替の問題は避けて通れず、慎重に調査をすることが必要となる。

なお、中国では、外資企業が貿易取引を開始する場合には、現地で営業許可証を取得した日から60日以内に、地元の銀行で直接投資外貨登記を申請し、直接投資外貨登記の完了後、投資関連口座の開設手続を行う。これらの外貨登記手続を含む会社設立関連については、現地で一括して請け負う老舗サービス会社等も存在しており、利用する外国企業は多い。送金に関しては、近時は特にマネーロンダリング防止の観点から、送金を裏付けする証憑として契約書（原本の提出が要請されることもある）のほか、送金先の資格証明書や過去の送金記録等の提出が求められることもある[29]。

28　日本銀行国際局「外為法の報告書についてよく寄せられる質問と回答：『支払又は支払の受領に関する報告書』関係」（2021年３月）〈https://www.boj.or.jp/about/services/tame/faq/data/t_faqetc1.pdf〉。

29　上海FESCO〈https://mix.efesco.com/mix/product/jpindex.jsp〉、日本貿易振興機構（ジェトロ）「為替管理制度」〈https://www.jetro.go.jp/world/asia/cn/trade_04.html〉。

Ⅲ　その他のトラブル

上記で解説したトラブル以外にも、契約に関して、さまざまなトラブルが発生する場合がある。たとえば、以下のようなものがある。

・輸入した商品の品質クレームについて誠実に対応してくれない。

・販売代理店が勝手なプロモーションをしている。

・取引内容が重要な部品の製作だと知った途端に値上げの申入れをされた。

・会社の実体がなかったり、社名が異なっていた。

これらのトラブルが生じるのは、国際取引に限ったことではないが、国内取引と比べて、実態を把握するのに時間がかかったり、前章で述べたようなリスクがあるため、思わぬ事態に発展する可能性がある。それによって、トラブルの解消に多大な手間と時間を要することになるリスクがある。

第3章 取引先以外の外国企業等とのトラブル

本章では、取引先以外の外国企業等とのトラブルについて取り上げる。このようなトラブルの種類は多岐にわたるが、本書においては、その中でも日本企業にとって特に重要であると考えられる６つの類型、すなわち、①海外企業による模倣品・海賊版のトラブル、②海外の企業や個人による商標横取り（冒認)、③海外のパテント・トロールとのトラブル、④職務発明に関するトラブル、⑤営業秘密に関するトラブル、⑥製造物責任に関するトラブル、について主に、米国、中国および欧州を念頭において取り上げる。特に、中国は、2021年８月に経済問題を協議する重要会議、中央財経委員会で、「共同富裕」の実現が表明され、エンターテインメント産業や教育事業への急激な規制が進み、ビジネスへの影響が予断を許さない不安定な状況にあるため、中国特有のリスクに注意が必要である。

Ⅰ　海外企業による模倣品・海賊版のトラブル

1　模倣品・海賊版の被害状況

取引先以外の外国企業等との典型的なトラブルの一つが模倣品被害である。模倣品とは、商標権侵害品、意匠権侵害品などを意味し、最近は特許権を侵害する製品についても、技術模倣品として模倣品の範疇に含まれる。ブランド品、時計または電化製品等が代表的な模倣品である。これに対し、海賊版は、音楽、映画、コンピュータ・ソフト等の著作権を侵害する商品を指し、音楽CD、映画DVD、ゲームソフト等が代表的である[30]。

模倣品・海賊版の製造・販売業者は、市場で売れ行きの良い製品に狙いを定め、その商品を製造コストの廉価な国で製造し、世界各国に流通・販売する。日本企業が被る模倣品・海賊版による被害は、アジア地域にとどまらず、欧州、南米でも確認されているが、その被害地拡大の背景には、「世界の製造工場」といわれる中国において安価で比較的良質の模倣品が大量に製造されていること、インターネットにより迅速に提供される最新情報により売買ルートが拡大したこと、さらに、海外向け輸送手段が発達したことで搬送が容易化したことが大きな要因とされている[31]。

特許庁による2019年度模倣被害実態調査報告書によれば[32]、2018年度において日本の産業財産権を保有する法人のうち、同年度中に模倣被害を受けた法人数は、1万3758社（全体の7.0%）に上っている。また、2018年度の模倣被害の状況は、国別・地域別に確認すると、製造国、経由国（製造国から販売国に届くまでに経由地となる国）および販売提供国のいずれにおいても中国が最多で、それぞれ2197件、1886件および2819件であった。次いで韓国での確認件数が多く、製造国1703件、経由国914件、販売提供国1730件であった。

模倣品・海賊版被害の近年の傾向として、①手口の巧妙化と② ECサイトにおける被害があげられる[33]。①については、一般的に自社名、ブランド名、商品名の商標権を各国・地域で取得することで、模倣品被害に一定程度対応可能である。しかし、特許庁「2015年度模倣被害調査報告書」によれば、

30　日本貿易振興機構（ジェトロ）「模倣品・海賊版対策の基礎」〈https://www.jetro.go.jp/theme/ip/basic/〉。

31　飛松純一＝金丸祐子 編著『海外取引の「困った」に答える企業法務の初動対応Q&A』（中央経済社、2020年）110頁。

32　特許庁「2019年度模倣被害実態調査報告書」〈https://www.jpo.go.jp/resources/statistics/mohou_higai/2019/index.html〉。

33　渡辺浩司＝阿部公威「日本企業の模倣品被害の実態と対策」パテント72巻10号（2019年）66頁。

中国においては、製品の見た目はそっくりであるものの、商標は付されていない模倣品が販売される事例が多数報告されている。また、②について、経済産業省が2020年に公表した「令和元年度内外一体の経済成長戦略構築にかかる国際経済調査事業（電子商取引に関する市場調査）報告書」[34]によれば、国際的なB to CのEC事業の市場規模では、国別では中国市場が最も大きく、被害は１兆9348億ドルに及んでいる。EC事業分野における模倣品被害に対する対策は、同事業分野に携わる日本企業にとって喫緊の課題である。

なお、模倣品には、大規模なものは国際的な犯罪組織も関与しており、国際刑事警察機構（インターポール）などが摘発することもある。実際、2021年３月頃、中国と南アフリカの警察が偽の新型コロナウイルスワクチン数千回分を押収し、関係者を逮捕したと発表された。もっとも、このような摘発事例はごくわずかである。

２　模倣品・海賊版による企業への不利益

模倣品・海賊版に関する対策をしないと、企業には、①売上高の減少、②ブランド・信用の毀損、③消費者被害の責任問題の負担等の被害が生じる可能性がある。まず、①売上高の減少であるが、模倣品・海賊版は真正品よりも低コストで製造・流通されているため、真正品ではなく模倣品・海賊版を消費者が好んで購入するようになり、真正品の売上が減少するおそれがある。また、真正品の製造業者が現地の販売代理店に商品の販売を委託している場合、模倣品被害を受ける現地販売代理店から模倣業者に対する権利行使を求められたり、製造業者の対応いかんによっては現地販売代理店との関係が悪化することもある。②ブランド・信用の毀損であるが、模倣品・海賊版は、真正品よりもその品質が劣ることがあるため、真正品と思って購入した消費者は、真正品の品質・性能に問題があると考えるようになり、当該企業のブ

34　経済産業省「令和元年度内外一体の経済成長戦略構築にかかる国際経済調査事業（電子商取引に関する市場調査）報告書」〈https://www.meti.go.jp/policy/it_policy/statistics/outlook/200722_new_hokokusho.pdf〉100頁。

ランド・信用を害するおそれがある。③消費者被害の責任問題の負担については、医療機器／医薬品や、自動車やバイクの部品等、製品が低品質であることが人の身体・生命に直接危険を及ぼす可能性がある分野においてデッドコピー品（完全もしくはほぼ完全な模倣品）が流通すれば、正規品を販売する日本企業が、デッドコピー品の販売元であると混同されてしまい、製造物責任等の現地法に基づく損害賠償を求められてしまう可能性も否定できない[35]。

模倣品・海賊版を放置すれば、模倣業者が継続して模倣品を製造・販売することになり、被害が拡大するだけでなく、該当国・地域における行政罰や法的紛争の対象になり想定外の対策費用を要する可能性がある。したがって、可能な限りの早期発見と早期対応が、結果的に被害の拡大防止と対策費用の節約につながる。

Ⅱ　海外の企業や個人による商標権の冒認（横取り）

ある企業が日本で商品を発売した場合に、日本においては商標権を取得済みであるにもかかわらず、中国などの日本国外においては商標を出願・登録していないことがある。こうした場合、正当な権利を有しない第三者によって国外において当該日本企業の企業名やブランド名、商品名等の商標が出願・登録されてしまうことがあり、このような商標を冒認商標という（「横取り商標」ともいわれる）。商標が冒認される理由は、当該商標を実際に使用して商品を製造・販売する目的の場合もあるが、冒認商標登録後に、当該商標権を本来の商標権保有者に対して譲渡することで高額の対価を取得する目的の場合もある。たとえば、米国のアップル社が多機能携帯端末の「iPad」の商標権をめぐり、中国のIT機器メーカーと争った訴訟では、アップル社が中国IT機器メーカーへ6000万ドル（約48億円）を支払うことで2012年に和

35 渡辺＝阿部・前掲論文（注33）66頁。

解している。ほかにも、中国ではエルメスやニューバランス、ユニクロといった多くの世界的企業がターゲットとなり、解決に多大な時間を要している。エルメスのケースでは、エルメス本社が1995年に「爱玛仕」の冒認出願者に対して異議申立てを行ったが、請求は認められなかった。その理由としては、当時の中国の司法判断の傾向として、中国企業保護主義（地方保護主義）が現在よりもあからさまであったこと、また、エルメスを筆頭とする「ハイブランド」であっても中国においての認知度が高いとはいえない可能性が否定できなかった等の理由もあげられる。

日本企業が巻き込まれた有名な事例として以下があげられる。

①　無印良品 /Natural Mill 事件

2019年12月に、無印良品を展開する株式会社良品計画が、中国で「無印良品 Natural Mill」を展開する北京棉田紡績品有限公司と「無印良品」の商標権をめぐって争った事例である。日本の高等裁判所に相当する第二審の北京市高級人民法院は、良品計画の訴えを退け、中国で無印良品の商標権を保有する中国企業に対して賠償金など約1000万円を支払うよう命じる判決を下した。

②　クレヨンしんちゃん事件

2004年に日本の株式会社双葉社が上海企業と正式なライセンス契約を締結し、中国で関連グッズを本格的に販売開始することを決定し、上海市のデパートで子ども服、カバンなどを発売したところ、当局から、「コピー商品を売っている」と指摘され、商標権侵害を理由に一部製品は販売差止め・在庫押収された。双葉社は1993年までに日本において７分類で商標出願し、1995年に台湾で「蜡筆小新」で商標登録したものの、中国では、中国企業が双葉社に先行して1997年に商標登録していた。双葉社は、2012年に冒認商標を無効とすることができたが、それまでに８年の歳月と費用を要したことになる。

なお近時は、中国への進出企業による中国での商標登録が浸透するようになってきたことから、インターネット記事や展示会のパンフレット等から、まだ中国国内では著名には至っていない他国の中小企業や個人デザイナーの名称やブランド名を探し出したうえでの冒認商標の出願・登録による被害事例も頻発している。日本企業も例外ではなく、日本企業が展示会に出展した後に展示会の参加者に冒認出願されたり、あるいは日本企業が潜在的な取引の相手方と契約交渉をしている際に、相手方に冒認出願される例が見受けられる。また、各社がインターネットを利用してホームページを公開している場合、公開情報から商標の冒認出願が行われていることもある[36]。

Ⅲ　パテント・トロールとのトラブル

主に米国に進出している技術系日本企業にとってパテント・トロール対策は大きな課題であったが、今日、「IoT（Internet of Things）技術」の拡大により、今まで以上にさまざまな分野・業種の企業が、パテント・トロールのリスクに晒される可能性が出てきている。2016年の特許庁産業財産権制度問題調査報告書のアンケート調査[37]によると、IoT企業が今後３～５年でパテント・トロールが活発になると考える国のランキングで、中国、ドイツおよび米国に次いで日本は第４位にあげられる。

パテント・トロールとは、明確な定義はないものの、一般的には「自己では特許発明の製造や販売を行わない、または、行う意思もないが、その特許権を行使することで特許使用料や損害賠償金を得る主体」と理解されている[38]。また、「NPE（Non-Practicing Entity：特許不実施主体）」や「PAE（Patent

36　杉山哲哉（ジェトロ 知的財産アドバイザー）「特許庁補助金事業 初心者向け 中小企業のための模倣品・冒認出願対策セミナー」（2020年8月4日）〈https://www.jetro.go.jp/ext_images/biz/seminar/2021/bb0b8d08e3ff4a7e/20210727_Webinar.pdf〉。

37　株式会社エヌ・ティ・ティ・データ経営研究所「IoT等による産業構造の変化に伴い企業等が直面する知財制度上の新たな課題とNPEの動向に関する調査研究報告書（平成28年12月）」〈https://dl.ndl.go.jp/view/download/digidepo_11515246_po_2016_02.pdf?contentNo=1&alternativeNo=〉102頁。

38　三村淳一「パテントトロールに対する米国でビジネス展開する日本企業の対応に関する一考察」商学集志86巻4号（2017年）174頁。

Assertion Entities：特許主張主体)」ともよばれている。

パテント・トロールは、自らが保有する特許権の被疑侵害主体となる企業を選定し、警告状を送付し、ライセンス契約の締結を迫るという手法をとってくることが多い。警告状や交渉過程でライセンスの支払いを拒めば、訴訟提起する旨を伝え、そうして企業から和解金を取得すると、その金銭を元手に、次の標的となる企業を攻撃する。パテント・トロール自身は、物を製造・供給したり、サービスを提供するわけではないため、顧客やサプライヤーが存在しない。その結果、いざ紛争になっても顧客やサプライヤーから紛争を穏便に和解により解決してほしいと望まれることはなく、また、警告先の企業の保有する知的財産権を侵害していることもないため、自社の方針を貫いて、標的の企業を攻撃することができ、厄介な存在となる。

米国連邦地方裁判所に提訴される特許関連訴訟の件数およびそのうちパテント・トロールによる訴訟の件数は〔図表２〕のとおりである。パテント・トロールによる訴訟は、2015年には約3400件に上ったが、その後は減少してきており、2019年は約1200件である。件数は減少傾向にあるものの依然として多く、また訴訟に至る前の和解事案も数多く存在する[39]。

〔図表2〕 米国連邦地方裁判所に提訴される特許関連訴訟の件数およびそのうちパテント・トロール（NPE）による訴訟の件数

年	2014	2015	2016	2017	2018	2019
全体	5114件	5852件	4619件	4050件	3657件	3573件
NPE関連	1929件	3417件	1720件	1357件	1179件	1212件

パテント・トロールからの訴訟は、賠償額が高額になることもある。たとえば、VirnetX v. Appleでは、2010年より、自社の有する特許がアップル

39 JETRO New York知的財産部「統計データで見る米国特許システムの全体像（2020年７月10日）」13頁。

社の提供するVPNやiMessage、FaceTimeなどのサービスで不当に利用されているとして、パテント・トロールであるVirnetXがアップル社に損害賠償を請求し、2018年に5億260万ドル（約525億円）の賠償命令がアップル社に下されている。その後、2019年に一部分は控訴裁判所によって地方裁判所に差し戻され、損害賠償額の再計算が行われ2020年に5億280万ドル（約526億円）の賠償額が確定した。

これに対し、これまでのところ、中国におけるパテント・トロールの活動はさほど顕著ではない。しかし、中国信息通信研究院の2021年3月の報告書[40]によれば、パテント・トロールによる訴訟件数は増大傾向にあり、2011年は9件であったが、2020年には126件に上っている。他方で、中国以外の外資系のパテント・トロールが中国において、〔図表3〕のように中国以外の企業に訴訟提起する例がみられる[41]。この中には、カナダのパテント・トロールが、中国で日本企業ソニーに対し、通信規格LTEに関する発明の特許権について2016年に訴訟を提起したケースもある。このように、パテント・トロールが日本企業を訴える可能性は、中国においてもあり得る。

なお、上記の傾向を踏まえ、中国の最高人民法院は、パテント・トロールによる悪意の提訴に対応するため、2021年6月3日付で「知的財産権侵害訴訟における原告の権利濫用による損害賠償請求問題に関する承認」を発出し、原告による訴訟が権利濫用を構成し、その合法的な権利と利益を損なうことを証明する証拠を被告が提出した場合には、合理的な弁護士費用、交通費などを補償するよう要求することを承認する規定を開示し、即日施行している。

---

40 中国信息通信研究院（CAICT）「5G+ 产业标准必要专利发展趋势（2021年3月）」17頁。
41 WORLD PATENT & TRADEMARK Newsletter「中国におけるNPEの現状及びNPEに対する国の方針と企業の対応策」（2020年9月）〈https://www.sakamotopat.com/tmp_img/pdf/news_pdf01_20201001163533.pdf〉 3頁。

〔図表３〕　中国以外の外資系のパテント・トロールが中国において中国以外の企業に訴訟提起する例

年月	案件	原告国	被告国	分野	判決
2016年11月	無限未来 VS ソニー	カナダ	日本	4G 分野	特許が一部無効 原告が訴訟を取下げ
2017年6月	迪阿尔西姆 VS サムスン	イタリア	韓国	2G 分野	特許が全部無効 原告が訴訟を取下げ
2017年12月	Longhorn IP VS HTC	アメリカ	台湾	2G 分野	特許が全部無効 原告が訴訟を取下げ

Ⅳ　職務発明に関するトラブル

1　中国における職務発明に関するトラブル

安い労働力を利用できたり、他方で優秀な人材による高度な研究が可能であったり、また、生産・販売拠点が中国に移転している場合には開発設計も現地で行うことが効率的である等の理由から、日本企業が中国において研究開発を行うことで、現地法人において職務発明が生じる可能性がある。その場合、中国における現地法人が中国従業員から職務発明の報酬を求めて訴訟を提起されることがある。

中国では、従業員の職務発明に対し、特許権（発明特許、実用新案、意匠を含む）が付与された場合、使用者は「奨励金」を支給し、また使用者において当該発明を実施した場合、「報酬」を従業員に支給しなければならず、奨励金・報酬の方式と金額については、発明者または考案者と事前に契約する必要がある。奨励金や報酬について契約に規定していない、また法に則り制定した制度の中で規定されていない場合には、「特許権の有効期限内において、特許が実施された後、毎年同発明または実用新案特許の実施により得られた営業利益から２％を下らない金額、もしくは、当該意匠特許の実施により得られた営業利益の中から0.2％を下回らない金額を、報酬として発明者または考案者に支払い、あるいは上述の比率を参照して、一括で発明者または考案者に報酬を与えなければならない。特許権が付与された機関が、その他の機関または個人に対して当該特許の実施許諾を行った場合、取得した使用許諾料の10％を下回らない金額を報酬として発明者または考案者に支払わなければならない」（中国専利法16条、同法実施細則78条）。実際、登録後の実施について付与する報酬を明確に規定していなかったとして、150万元（約2400万円）の報酬を発明者に支払うよう命じる判決を最高人民法院が下したケース[42]もある。

また、奨励金や報酬の金額についての争いのみならず、現地の中国人研究者が、研究開発の成果である職務発明を無断で自己の名義で特許出願してしまい、企業として確保しておきたい発明等に係る権利が従業員に帰属してしまう場合がある。しかも、このようなケースにおいて、従業員は退職しており、転職先や自分が創業した企業の名義で特許出願することもある。たとえば、中国の広東省広州人民法院の判決（2014年）における事実[43]では、X社とY社が業務提携していたところ、Y社社員が別会社Z社を設立し、Z社がX社とY社で提携中に実施していた技術に基づいて特許出願をしてしまった。第二審において、X社は当該発明が職務発明として自社に帰属するとの認定を受けたものの、第一審においては、Z社が出願した発明がX社とY社の業務提携により生じた技術的成果とは別ものであるという認定がされており、X社による当該発明が自社に帰属するという請求が棄却されていた。このように、自社の職務発明の管理にも十分に留意しなければ、第三者に出願されてしまうリスクがある。

以上のようなトラブルを回避するためには、中国現地法人において職務発

42 最高人民法院2019年2月10日判決（2018）川民再615号
43 広東省広州人民法院（2014）粤高法民三終字31号

明管理規程の作成および従業員への周知が必要となる。

2　米国における職務発明に関するトラブル

米国においても現地の優秀な人材を活用して技術開発を行わせるニーズが存在する。米国においては、雇用契約締結時に職務中になした発明について特許を受ける権利を使用者に譲渡する内容が盛り込まれていることが一般的であるが、この雇用契約の文言が不明確であるとして適切に権利の譲渡を受けることができず、当該米国人研究者が、技術開発の成果である職務発明を無断で自己の名義で特許出願してしまったり、転職先や独立先企業の名義で出願することがある。

たとえば、スタンフォード大学対ロッシュ事件[44]は、発明に係る権利の譲渡についての契約文言の不明確さゆえに訴訟に発展した事例である。スタンフォード大学が研究者Ｈと職務発明の権利、権原および利益を大学に譲渡する内容の、同意書に署名をさせ、その後、PCR（ポリメラーゼ鎖反応）を利用する技術習得のために、研究者Ｈをセタス社に派遣した。研究者Ｈは、セタス社で働いた結果としてなされた「個々の着想、発明および改良物に関する権利、所有権および利益」を同社に譲渡する定めのある、ビジター用守秘義務同意書（以下、「VCA」という）に署名をした。その後、セタス社にて研究者Ｈは、PCRを利用して患者の血中のHIV量を計測する方法を開発した。研究者Ｈが大学復帰後に、スタンフォード大学はこの技術に関する権利の譲渡書を取得した。他方で、ロッシュは、研究者ＨがサインしたVCAを通して得た権利を含む、セタス社のPCRに関連する資産を取得し、HIV検査キットの販売を開始した。スタンフォード大学は、研究者Ｈから譲り受けたと主張する特許権に基づいて、ロッシュを特許権侵害で訴えたが、CAFC（連邦巡回区控訴裁判所）および連邦最高裁判所は、スタンフォード大学が研究者Ｈと締結した同意書の文言では、時期を決めずにこれらの権利

44 Stanford Junior Univ. v. Roche Molecular Sys., 563 U.S. 776, 131 S. Ct. 2188 (2011), 583 F.3d 832 (Fed. Cir. 2009)

を譲渡することに同意したにすぎず、発明がなされた時点で、当該書面によって大学が研究者Ｈのなした発明に係る権利を直ちに取得するものではないと判断し、大学に不利な認定をした。訴訟社会である米国においては、従業者の発明を組織に帰属させるための契約を適切に締結しておかなければ、日本以上に大きなリスクになりうる。

V　営業秘密の流出

1　中国における営業秘密侵害

近年、中国では営業秘密の流出が大きな問題になっている。中国の最高知識産権法廷は、2021年2月26日、今後各法院での参照判例となる2020年度十大技術類知的財産権典型事例を公表したが、この中に、営業秘密侵害に関する裁判例が含まれているので、以下に紹介する。

⑴　「バニリン」営業秘密侵害事件（2020年）最高法知民終1667号

バニリン（Vanillin）は全世界で使用されている香料であり、嘉興中華化工公司と上海欣晨新技術有限公司が共同でバニリンの製造プロセスを開発し、技術秘密として保護している。2010年に、嘉興中華化工公司の元従業員がバニリンの技術に関する情報を王龍集団公司に漏えいし、同社は短期間で世界第３位のバニリン製造業者となった。

嘉興中華化工公司と上海欣晨新技術有限公司（原告ら）が、嘉興中華化工公司の元従業員と王龍集団公司（被告ら）による営業秘密侵害を理由に、浙江高級人民法院（原審）に提訴した。原審は、被告らが係争対象の営業秘密の一部を侵害しているとして侵害行為の差止めと350万元の賠償を命じた。両当事者はいずれも第一審判決を不服とし、最高裁判所（最高人民法院知的財産権法廷、第二審）に上訴したところ、最高裁判所は被告らの行為が係争対象の営業秘密の全部を侵害していると認定し、権利侵害を業とするなど被告らによる侵害行為の情状が深刻であること、営業秘密の商業的価値が極めて高いこと、発効された行為保全裁定の執行を拒む被告らの悪質的な態度等を総合考慮し、同種事件において過去最高額となる1.59億元（約26.3億円）の賠償命令を下した。

⑵　「カーボポール（Carbopol）」技術秘密侵害事件（2019年）最高法知民终562号

広州天賜高新材料股份有限公司と九江天賜高新材料公司（原告ら）は、水溶性ビニルポリマーであるカーボポールの製造プロセス技術に関する技術秘密を、安徽紐曼精細化工有限公司と複数の個人（被告ら）が侵害したとして、広州知識産権法院に提訴した。同法院は、故意侵害と権利侵害の情状を考慮し、首謀者である個人に実損害額の2.5倍の懲罰的賠償を命じた。両当事者が控訴したところ、最高知識産権法廷は「営業秘密侵害行為が“情状が深刻である”に該当するかどうかや懲罰的賠償を適用すべきかを判断する際には、被疑侵害者が権利侵害を業としているか、権利侵害行為が刑事犯罪に該当するか、訴訟中に挙証を妨げる行為があったか、権利侵害による損害額または権利侵害によって得た利益額、権利侵害の規模や継続期間などを考慮要素とすることができる」と述べ、技術秘密の貢献度、被告の主観的悪意の程度や立証妨害行為などを考慮し、初めて懲罰的賠償の最高倍数である５倍を適用する判断を下し、被告の安徽紐曼有限公司に、５倍の3000万元と合理的支出の40万元（4870万円）、首謀者である個人に５倍の3000万元の懲罰的賠償を命じた。

2　米国における営業秘密侵害

営業秘密保護に関連して、米国では2016年５月11日に連邦法であるDefend Trade Secrets Act（2016年連邦営業秘密保護法、DTSA）が成立し、即日施行され、同日以降の営業秘密の不正な取得、使用および開示に適用されることになった。従前は、営業秘密冒用をめぐる民事訴訟は州裁判所にしか提起することができなかったところ、これにより被害者は、連邦裁判所にも訴訟提起ができるようになった。これまで、営業秘密侵害事件に対する各州法の内容を統一しようとしたUniform Trade Secrets Act（UTSA）が存在し、多くの州がその内容を採択してきたものの、各州裁判所における手続や証拠の基準が統一されておらず、一般的に連邦裁判所は州裁判所よりも営業秘密侵害事件のような複雑な案件に専門性を有しており、また、営業秘密侵害事件に複数の州や海外企業がからむことが多いため、連邦裁判所でも提訴できるようにDTSAが制定された。なお、DTSAとは別に営業秘密に関する各州法は存続する。

2017年から2019年までの間、毎年連邦裁判所に対して約1400件の営業秘密関連の訴訟が提起されており、DTSAの制定により連邦レベルでの営業秘密訴訟が増加していることがわかる[45]。DTSAが適用された事案として、Motorola Solutions, Inc.v. Hytera Communications Corpがある。原告であるMotorola社は、被告である中国の電機メーカーHytera Communications社が、原告の営業秘密（数千に及ぶ機密技術書類やソースコード等）を持ち出した３人の元従業員を雇い、得られた機密情報を使い原告製品とほぼ同じデジタルラジオを開発し、米国を含む世界中で販売したとして、DTSAに基づいてイリノイ州北部地区連邦地方裁判所に提訴した。2020年２月、裁判所は、DTSAに基づく賠償として被告に対して７億6400万ドル（損害賠償額３億4500万ドル、懲罰的損害賠償額４億1900万ドル）の支払いを命じた。

これは、1990年から2019年までに係属した営業秘密侵害訴訟の損害賠償認容額上位５件（〔図表４〕）と比較してもかなり高額な賠償額である。

３　小　括

以上のとおり、中国において、営業秘密を保護し、侵害行為に制裁を科す司法体制が構築されつつあり、また、米国では、営業秘密に関連する法令が連邦レベルで制定され、運用されている。企業としては、自社が営業秘密侵害事案の被害者になることだけでなく、加害者になりうることを想定し、営業秘密の持ち出しに対する基本的な対応策を講じることが大切である。特に、中国においてはビジネスの場でも私物のスマートフォンやSNSを利用する

45 JEFFREY MORDAUNT、NEIL EISGRUBER、JOSHUA SWEDLOW「2020 Trends in Trade Secret Litigation Report」13頁

従業員が多いなど、営業秘密持ち出しのリスクは高い傾向にある。

〔図表４〕 米国における営業秘密訴訟の損害賠償認容額上位５件[46]

事　案	賠償額	裁判所	年
E. I. duPont de Nemours and Co. v. Kolon Industries, Inc. and Kolon USA, Inc.	9億1999万ドル	バージニア（東）	2011
Epic Systems Corporation v. Tata Consultancy Services Limited and Tata American International Corp.	4億2000万ドル	ウィスコンシン（東）	2017
Cadence Design Systems, Inc. v. Avant! Corp., et al.	2億6500万ドル	カリフォルニア（北）	2002
Bancorp Services, LLC v. Hartford Life Insurance, et al.	1億1833万8000ドル	ミズーリ（東）	2002
X-IT Products, LLC v. Walter Kidde Portable Equipment, Inc.	1億1600万ドル	バージニア（東）	2002

46 JEFFREY MORDAUNT、NEIL EISGRUBER、JOSHUA SWEDLOW・前掲（注45）36頁

Ⅵ　製造物責任

製造物責任とは、一般に、製造物の欠陥により、人の生命、身体または財産に被害が生じた場合に、当該製造物の製造業者等の、当該被害に対する賠償責任を意味する。不法行為の法理に基づくと被害者が不法行為の主張・立証をしなければならないところ、製造物責任を負う場合は、通常、製造者の過失の有無を問わずに欠陥の存在のみを要件に賠償責任が認められる（厳格責任ないし無過失責任）。近代社会においては過失責任主義が原則であるが、消費者保護の必要性が高まり、欠陥製品による責任追及には被害者側において過失の立証を要しないという厳格責任が米国で認められるようになり、欧州にも波及した[47]。そして、昨今ではアジアの多くの国々でも製造物責任が立法化されており、企業の製造物責任に関するリスクは高まっている。

海外、特に米国において製造物の欠陥に基づいた損害賠償請求は高額化する傾向にあり、〔図表５〕のように多額の賠償責任を負担している[48]。

米国連邦地方裁判所に提訴された製造物責任訴訟の件数は、2000年には約１万5000件であったものが、2005年には約３万件、2010年には約６万件と５年ごとにそれぞれ倍増しており、その後は2015年まで約４万件から６万件の間を推移している。2015年の内訳をみると、消費財・医薬品に関する事案が大半を占めているが、アスベストや自動車についても相当数の訴訟提起がなされている。近年の傾向として、医薬品に係る訴訟件数が増加している。2015年には、日本の製薬会社が、糖尿病治療剤に起因する膀胱がんが発症した責任を主張され、提訴された製造物責任訴訟において、和解金など総額3241億円の引当金を計上したと報じられた[49]。

---

47 鈴木修一監修、應本昌樹ほか編『中小企業海外展開支援　法務アドバイス』（経済法令研究会、2013年）148頁。

48 東京海上日動リスクコンサルティング「米国におけるPL訴訟について」（2020年２月３日）〈https://www.tokiorisk.co.jp/publication/column/022.html〉。

〔図表５〕　米国における製造物の欠陥に基づいた損害賠償責任

発生年	賠償額	被告	被害	主張された欠陥
2012年	約1億2000万ドル	自動車メーカー および部品メーカー	脳障害	部品強度欠陥
2010年	約1億1000万ドル	製薬メーカー および販売会社	傷病・死亡	設計欠陥
2011年	約7300万ドル	自動車メーカー および部品メーカー	傷病・死亡	部品設計欠陥
2010年	約5600万ドル	重機メーカー および販売会社	脊髄損傷	部品設計欠陥

また、米国の製造物責任には、特徴的なものとしてリコール責任（販売後の製品の回収懈怠により惹起された被害に対する、製品の販売業者もしくは配給者の責任）がある。2015年に起きたタカタ社製エアバッグのリコール問題は米国史上最大のリコール事件にまで発展し、同社は2017年に経営破たんに至り、自動車メーカーとサプライヤーである同社の責任分担は、会社再生手続の枠組みの中で実施されることになった。

中国における製造物責任に関しては、①製品品質法（2018年12月29日改正施行）、②消費者権益保護法（2014年３月15日改正施行）、③権利侵害責任法（2010年７月１日施行）の３つの法律が存在する[50]。

①は、製品の品質に対する監督管理を強化し、製品の品質責任を明確にすることにより、使用者・消費者の合法的な権益を保護することを目的とした

49　日本貿易振興機構（ジェトロ）「輸出時における PL 法の対策・留意点：米国（2017年２月）」〈https://www.jetro.go.jp/world/qa/04A-000951.html〉。
50　日本貿易振興機構（ジェトロ）「製造物責任法の概要：中国」（2019年10月）〈https://www.jetro.go.jp/world/qa/04C-030002.html〉。

法律であり、製造者のみならず販売者も責任が問われる。販売者は、製品が具備すべき使用機能を具備していないにもかかわらず事前に説明しなかった場合や、表示している品質を満たしていないことが原因で消費者に損害を与えた場合、製品の修理、交換、返品または損害賠償責任を負う。

②は、消費者の権利保護を目的としており、①の製造者・販売者の責任を消費者保護のために強化する。消費者は製品を購入することによって人身および財産の安全が損なわれてはならず、使用する製品についての安全性を知る権利を有するため、製品には、適切な使用方法および危害発生防止の方法の表示をすることが求められる。

③は、製品の製造者、販売者および関係者の連帯責任を規定している。市販している製品に欠陥がみつかった場合、製造者および販売者が速やかに注意喚起または製品をリコールするなどの措置をとる必要があり、これを怠り、消費者に損害をもたらした場合は賠償責任を負う。

実際に中国においては、種々の製品でリコールが実施されており、近年の外資企業によるリコールの実例として、2021 年 6 月から米国の電気自動車大手が走行速度の自動制御システムに不具合があるとして合計約 28 万台をリコールした。また、米国の電気機器メーカーは、パソコン用電池に欠陥があり、過熱または燃焼するおそれがあるとして、2017 年 2 月から、約 2 万個の対象製品のリコールを実施した。また、毎年 3 月 15 日の世界消費者権利デーには、外資メーカーの製造品がターゲットにされ、テレビ等で取り上げられることがままある。

第 2 編

国際取引トラブルの予防法務

第1章 現地法人のトラブル

Ⅰ 現地規制等の把握の重要性

第１編第１章で述べたようなトラブルを避けるためには、現地法規制等の的確な把握が非常に重要となる。日本語または英語で一般に公開されている情報からの把握には限界があり、最終的には現地専門家に頼らざるを得ない場面もあり得るが、他方で、すべてについて逐一現地専門家からガイダンスを受けるのも現実的ではない。したがって、進出を検討する地域の法規制について、本書に記載した内容や、紹介する情報ソース等を参考に、前提知識として全般的な知識を有しておくことが有用である。

また、第１編第１章で紹介したトラブルは、必ずしも現地法規制の不知のみに起因して生ずるものではなく、現地文化に対する誤解や無理解が原因となる場合もある。現地文化に精通した者（当該地域出身者など）の力を借りることができれば、文化面での留意点について助言を受けることができるが、それが難しい場合は、当該地域でのトラブルの公表例なども参考になり得る。

なお、これらは、各種トラブルの予防の観点から有用であることはいうまでもないが、不幸にもトラブルが生じてしまった際の適切な対処（出口戦略）との関係でも有益となる。

以下では各地域における各分野の規制状況や留意点について簡潔に説明する。すべての地域について網羅的に説明を行うことは本書の目的ではなく、地域ごとの全体的な傾向や、特徴的な法規制が設けられている国、あるいは特に留意が必要な国ないし法規制について焦点をあてる。

1　労働法規制

海外の労働法制について、厚生労働省は原則として毎年海外情勢報告[1]を公表しており、主要地域における最新動向がコンパクトにまとめられているため、現地の状況を把握するのに有用である。

(1)　米国の労働法規制

米国では、基本的に使用者も従業員も自由に雇用契約関係から離脱することができ（Employment at willとよばれる）、厳格な解雇権濫用法理が確立している日本とは様相が異なる。

賃金について、連邦法によって最低賃金が定められている。また、州によっては連邦法が定める最低賃金よりも高額な最低賃金を定められている場合があるので、留意が必要である。

労働時間について、連邦法である公正労働基準法（FLSA）が週の法定労働時間や割増賃金を定める。ただし、同法上、週の法定労働時間は40時間とされているが、それを超えた労働が全く許容されないということではなく、超えた労働時間については50%の割増賃金の対象となるにすぎない。カリフォルニア等の一部の州では、週の法定労働時間40時間に加え、1日あたりの法定労働時間（カリフォルニアでは8時間）を定める例もある。

なお、日本の労働基準法が詳細に規制する、たとえば休息、休日、年次有給休暇や深夜労働については連邦法上定められていない。もっとも、州によっては休日や、一部産業において労働時間に制限を課す例があるため、留意が必要である。

日本における就業規則に一部類似するものとしてEmployee Handbookがある。Employee Handbookには、就業規則に記載されるような、労働時間（始業・終業時間）、所定労働日や休日等の、会社で勤務する際のルールが記載されている。もっとも、Employee Handbookは使用者と従業員間の契約内容

1　厚生労働省「2020年　海外情勢報告」（本文）〈https://www.mhlw.go.jp/wp/hakusyo/kaigai/21/〉。

を構成するものとは考えられておらず、その変更（特に従業員側に不利益となる変更）にあたっては日本におけるような手続は求められていない。

以上に照らせば、法制面においては日本よりも使用者側にとって注意すべき事項は少ないといえよう。ただし、連邦法とは別に、州独自の規制が設けられている場合があるため、留意が必要である。

一方で、近年では日本においても意識が高まってきているように思われるが、米国では伝統的に職場におけるあらゆる差別に対して非常に敏感であり、不当な差別を行っていないか、常に意識しておくことが求められる。たとえば、従業員の解雇についても、Employment at will とはいっても、連邦法上、年齢や障害などに基づく解雇は禁じられているし（その他、報復行為としての解雇や、労働組合の加入を理由とした解雇も禁じられている）、連邦最高裁判所は2020年6月15日に性的志向に基づく解雇は違法であるとの判決を下している。また、州によっては、既婚・未婚の別や過去の犯罪歴に基づく解雇を規制する例もある。

さらに、明確な違法行為とはならなかったとしても、現地従業員の権利感覚からして不当であったり、あるいは違和感のある対応をくり返してしまうと、良好な職場環境が維持できず人材確保に苦戦したり、場合によっては大きな問題に発展する可能性もある。

これらの事態を防ぐための一つの方策として、各種ハラスメントに対応したポリシーを制定することが考えられる。もちろん、職場における差別やハラスメントをなくすには、究極的には現地の事業場の長や個々の従業員における人権感覚を醸成することが求められるが、会社としてきちんとしたポリシーを制定し、その内容を周知させていれば、会社の強い意志を示すことを通じ、各人の意識を高めることにもつながる。また、結果的に問題が起こってしまったとしても、会社としてはきちんと対応しようとしていたことの根拠の一つにもなる。

ポリシーの制定にあたり、ある程度の資金的リソースを割くことができるならば、現地の専門家にアドバイスを求めることが考えられる。また、米国雇用機会均等委員会のウェブサイトにおいて、中小企業向けに雇用指針の策定に関するガイダンスが公開されているため、必要に応じて参考にすることも考えられる[2]。

⑵　欧州の労働法規制

ア　欧州労働法

EU レベルでは、各加盟国の私人に直接影響のある規則（Regulation）ではなく、各加盟国に法制定を求める指令（Directive）を制定することで、望ましい法制度の実現を図ろうとしている。もっとも、労使関係のうち少なくない事項については、指令の制定のため加盟国の全会一致が必要とされている。また、使用者団体と労働者団体との協議を通じて指令が制定されることもある。

EU において制定されている指令の例としては、ハラスメントの禁止や同一賃金原則を定める男女均等指令[3]や父親に対する育児休暇の付与を定めるワークライフバランス指令[4]、時間外労働や夜間労働、休日等について定める労働時間指令[5]等がある。その他、外国人労働者や移民政策に関する指令も複数制定されている。各加盟国において、これらの指令を参照して、国内法としての労働法制を整備することが求められる。

なお、欧州において特に留意すべきは、外国人労働者が関係する場合が多いと思われる点があげられる。地理的・制度的な理由により国境をまたいだ人の行き来が多いため、特に EU 域外の労働者を受け入れる場合には、適切な手続に沿っていることを確認すべきである。

イ　ドイツの労働法規制

ドイツの雇用法制は日本におけるものと比較的類似しているといえよう。

---

2 米国雇用機会均等委員会「1. I'm creating employee policies.」〈https://www.eeoc.gov/employers/small-business/1-im-creating-employee-policies〉

3 指令 2006/54/EC

4 指令 2019/1158/EU

5 指令 2003/88/EC

まず、労働時間の上限（週40時間）が設けられており、(労働時間の上限を超えた場合に割増賃金の対象となる）延長も可能ではあるが、延長可能な時間にも上限があるうえ、休息時間、休日や年次有給休暇等に関しても法に規定が設けられている。

また、解雇についても比較的厳格な法制となっており、特別法として定められている解雇保護法において、一定期間雇用関係が継続した場合には、社会的な正当性が認められる場合に限り、解雇が有効となる。なお、不服のある労働者は事業所委員会への異議申立てや、労働裁判所への訴訟提起が可能とされている。さらに、一定の場合には、解雇について届出を要する場合があることに留意が必要である。

もっとも、次のような相違点もある。たとえば、日本の雇用実務としては、依然として、１年の決まった時期に新卒採用を行うことが主流であるのに対し、ドイツでは、特に決まった時期はなく、個別に採用されることが比較的多い。また、労働時間の管理に関する法制度は似ていても、実際の労働時間についてみると、日本のほうが長時間となる傾向がある。

ウ　フランスの労働法規制

ドイツと同様、延長に上限のある法定労働時間や深夜・休日労働の制限が設けられている。もっとも、具体的な内容は多少異なっており、たとえばドイツでは週の労働時間が40時間と法定されているところ、フランスは週35時間とされている。

解雇についても正当な理由を要するうえ、書面による通知や面談といった一定の手続を踏む必要がある。また、勤続期間に応じた解雇手当の支払いが法定されている。

労働者側に不服がある場合には、労働裁判所への申立てが可能である。

その他、ドイツとの相違点としては、休日に関して、一部の業種や業務を除き日曜日に週休を与えるものとされていることなどがあげられる。

エ　英国の労働法規制

英国では、労働者は大きく就労者（worker）と労働者（employee）に分類されている。雇用契約に基づき使用者に従事する者は法律上労働者に分類され、就労者よりも手厚い保護が与えられている。具体的には、解雇理由の制限、解雇予告期間や産休（ないし父親休暇）の付与等が認められている。

このうち解雇制限については、使用者の側で、法定された解雇事由に該当することを証明する必要がある。なお、解雇事由としては労働者の能力に関するもの、非行に関するもの、余剰人員であること等が定められている（解雇を正当化する実質的理由といった、バスケット条項も存在する）。労働者において不服がある場合であって、2年以上の勤続がある場合には、雇用審判所への不服申立てが認められる。

その他、法定労働時間や深夜・休日労働の制限が設けられていることはドイツやフランスと同様であるが、具体的な内容は多少異なる。

英国は、2020年1月末にEUを離脱したが、これを機に雇用法制が劇的に変わったということはなく、基本的に従前の運用を踏襲するものとなっている。

ただし、外国人労働者関係の法制度、特にEU域内の労働者についてのビザの発給に関しては、新たな制度が運用されている。ここでは詳細には立ち入らない。

オ　各地域の法制度を前提とした予防法務

基本的に米国に関して述べたことと同様のことがあてはまる。米国に比べれば労働時間規制や解雇制限において日本の法制と類似しているとはいっても、具体的な内容は異なるし、各地域の労働者の文化に応じた適切な職場環境の整備が重要となる。

⑶　中国の労働法規制

中国の法定労働時間は1日8時間、1週間40時間となっており日本と同様である。大きな違いは時間外労働の上限であり、中国では「厳密に1日1時間、特別な場合でも1日3時間、1か月36時間」と法定されている。割増賃金率は150%で日本の基準よりも高い。

また、企業は従業員との間で「書面による労働契約」を締結しなければならないと法定されており、締結されていない場合には会社側に対し、①勤務開始日から１か月を超え１年未満の時点で書面による契約を締結していない場合には当該労働者に対し毎月２倍の賃金の支払い、②勤務開始日から満１年が経っても書面による契約を締結していない場合には労働者との間で期間の定めのない労働契約を締結したものとみなされる、というペナルティを課すことをもって担保されている。

ここでいう書面による契約については、絶対的記載事項が法定されており、ⓐ雇用単位の名称、住所および法定代表者または主たる責任者、ⓑ労働者の氏名、住所および住民身分証その他の有効な身分証書の番号、ⓒ労働契約の期間、ⓓ業務内容および業務場所、ⓔ業務時間および休息・休暇、ⓕ給与、ⓖ社会保険、ⓗ労働保険、労働条件および職業上の危害の防護、ⓘ法律および法規により労働契約に組み入れるべき旨が規定されるその他の事項については記載することが義務づけられる。

労働契約の解除は、原則は労使が合意した場合にのみ可能であるが、一定の事由がある場合には、例外的に一方的に解除を行うことができる。すなわち、①ⓘ労働者が業務に耐えることができず、研修または職場調整を経た後もなお業務に耐えることができない場合や、ⅱ労働契約の締結時に根拠とした客観的な状況が著しく変化したため労働契約を履行することができなくなり、使用者と労働者による協議を経ても、労働契約の内容の変更について合意に達しない場合は、30日前までに書面での通知または１か月分の賃金を支払うことにより、使用者側から労働契約を解除することができる（予告解除）。また、②試用期間において採用条件に適合しないことが証明されたときは、使用者側より即時に解雇することができる。たとえば、従業員において使用者の規則制度に重大な違反をしたときや、重大な懈怠、私利のために不正行為があり、使用者に重大な損害を与えた場合、不法行為等があったときなどは、直ちに解雇を行うことが考えられる。③その他、一定の事由に基づく労働契約の解除が認められている。なお、女性従業員の妊娠、出産、授乳期間中の解雇は禁止されている。

期間の定めのある労働契約を複数回締結し、あるいは一定の回数契約を更新した際には、従業員側に責めに帰すべき事由や業務不適格事由が存在しない場合において、無期契約の締結義務が発生するものとされている（いかなる条件で締結義務が生ずるかは地方によって異なる）。

近時の状況としては、コロナ禍を受けて、上海市においては2020年2月に、リストラ回避に努めた企業に対する支払い済み失業保険料の最大半額を返還する（2019年の政策の継続）等の措置をとることが発表されている。

(4)　東南アジア各国の労働法規制

第1編でも紹介したとおり、東南アジア各国では、欧米よりも日本に類似しつつも、むしろ日本よりも厳しい規制を採用している国もあるため、留意が必要である。

基本的な制度内容は前述した厚生労働省の海外情勢報告に触れられており、とっかかりとして参考になる。なお、海外情勢報告は毎年発行されているが、常に毎年東南アジア各国の情報が掲載されているとは限らず、目当ての国の情報がなければ、過年度のもの[6]に参考にできるものがないか、探してみるとよい。

また、さらに詳細に現地法制を把握するのであれば、公益財団法人国際労働財団のウェブサイトにおいてアジア各国の労働法の和訳を公開しているため[7]、参考にできる。

具体的な労働問題に直面した際、これらの情報を頼りに、特に現地法との関係で慎重な対応を行うべきと思われる場合には、現地弁護士等に相談することを検討すべきである。

6　厚生労働省「白書、年次報告書」〈https://www.mhlw.go.jp/toukei_hakusho/hakusho/〉。
7　公益財団法人国際労働財団「アジア労働法データベース」〈https://www.jilaf.or.jp/asia_laborlaw/〉。

2　競争法規制

(1)　米国における競争法規制

ア　主要な法規制と執行当局

米国における競争関係の規制法として代表的なものとして、シャーマン法（Sherman Act）と連邦取引委員会法（FTC Act）があげられる。シャーマン法はカルテル等の水平行為（Restraint of Trade。日本でいうところの不当な取引制限）や独占化（Monopolization。日本でいうところの私的独占）を主に規制し、連邦取引委員会法は不公正な競争方法（Unfair Methods of Competition。日本でいうところの不公正な取引方法）を規制する。その他重要なものとしては企業結合規制に該当する内容を含むクレイトン法（Clayton Antitrust Act）があり、企業結合規制のほかには価格差別や抱き合わせなどを規制している。なお、以上はいずれも連邦法であるが、このほかに、各州が独自に制定する競争法関連の法律もある。

米国の競争法の執行を担当するのは、連邦法については司法省（DOJ）と連邦取引委員会（FTC）である。DOJは主としてシャーマン法の執行を、FTCは連邦取引委員会法の執行を、それぞれ担当するが、クレイトン法についてはDOJとFTCとが共同で管轄する。したがって、たとえばクレイトン法によって規定されている企業結合の申請を行う際は、DOJとFTCの双方に届出を行う必要があり、どちらが担当するかは、DOJとFTCの協議によって決せられる。なお、州法の執行は各州の司法長官が担当する。

イ　域外適用

たとえ米国外でなされた違反行為であっても、一定の場合には、米国競争法が適用され、罰則の対象となり得る。外国取引反トラスト改善法（FTAIA Act, Foreign Trade Antitrust Improvements Act of 1982）によれば、米国内の取引に対して、直接的、実質的かつ合理的に予見可能な影響を有し、かかる影響が競争法上の請求権を発生させるものであるといった要件が満たされる場合には、域外適用がなされる可能性がある（正確には、これらの条件を満たさない限り適用されない、という規定になっている）。

実際に域外適用に基づいて法執行が行われており、一時期、多くの日本企業が多額の罰金を科される事案の報道が絶えなかった。

ウ　違反した場合の罰則等

米国競争法は、厳しい刑罰をもって違反行為に臨んでいる。たとえば、最も厳しく罰せられる取引制限行為については、シャーマン法上、法人に対しては1億ドル以下の罰金（違反行為による利益によってはさらに増額の可能性もある）、個人に対しては100万ドル以下の罰金もしくは10年以下の禁錮またはその併科がなされることとなっている。

注目すべきは個人に対する禁錮刑である。自由刑が設けられているのは懲役刑を規定する日本の独占禁止法においても同様であるが、米国では実際に執行されており、域外適用により違反行為に関与したとされる日本企業の構成員も実際に収監されている。

罰金の金額もそれなりに高額であるが、より企業にとってインパクトがあるのはクラスアクション制度の存在である。カルテルの被害者は、加害者である企業に対して損害賠償の請求を行うことができるが、自己だけでなく、同じカルテルによって被害を被ったであろう他の事業者（これは通常膨大な事業者数になる）をも代表して、請求をすることができることとされている。さらに、米国では懲罰的損害賠償が認められており、一定の要件を満たした場合には実際に被った損害の3倍もの金額の賠償が命じられる可能性がある。

エ　リニエンシー制度

米国競争法においては日本における課徴金減免制度と同様に、自主申告をすることによって刑罰が軽減される制度がある（リニエンシー制度）。また、金銭面ではクラスアクションのインパクトが大きいと述べたが、自主申告をした場合にはクラスアクションに際しても一定の配慮がなされることとなっている。

すなわち、自主申告を行いその事実が明るみに出た場合、クラスアクションにあたって違反行為がなかったと争うことは難しいため、後続するクラスアクションと高額の懲罰賠償に対する懸念が、企業における自主申告を躊躇させるとの指摘がなされていた。そこで、2004年に制定された反トラスト刑事罰強化・改革法（The Antitrust Criminal Penalty Enhancements and Reform Act of 2004, ACPERA Act）において、リニエンシー申請が行われた場合には、一定の要件を満たす限り、懲罰賠償を認めないこととされている。

⑵　欧州における競争法規制

ア　主要な法規制と執行当局

欧州連合において競争法の役割を果たしているのは、主として、欧州連合の機能に関する条約（Treaty on the Functioning of European Union, TFEU）の101条と102条である。101条は事業者間での合意について規制をしており、典型的にはカルテル等の行為が念頭におかれているが、垂直的制限についても対象となる。102条は支配的地位の濫用を規制するものである。その他、企業結合規制や、独特なものとしてはState Aid規制がある。State Aid規制は、加盟国が自国に存在する特定の企業を支援することによって、欧州全体を市場ととらえた場合にその市場が歪むこととなるため、これを防止する観点で設けられている規制である。

いずれも欧州委員会の競争当局（European Commission DG Competition）が法執行を担当する。

なお、欧州連合としての競争法のほかに、加盟国も独自に競争法を定めており、それぞれの国の当局が執行を行っている。

イ　域外適用

欧州においても、米国と同様の考え方により、欧州市場に反競争的な効果を及ぼす限り、欧州域外の行為についても適用される。もっとも、米国に比してそれほど積極的に域外適用がなされているわけではない。

なお、欧州域内において現地法人の違反行為が認められた場合、直接的に違反行為には関与していない親会社が域外に存在したとしても、子会社に対する影響力の大きさから、当該親会社の責任が問われる可能性がある点に留意が必要である。

ウ　違反した場合の罰則等

欧州競争法の違反行為については刑事罰は科されない。もっとも、制裁金という形で違反行為に関与した企業が金銭の支払いを命じられることはある。そして、制裁金の金額は当該企業の売上に比例した形で決められるため、規模の大きな企業の場合、制裁金の額は極めて高額になることもある。

なお、米国におけるようなクラスアクションの制度は認められていない。ただし、（欧州連合から脱退したものの）英国等の個別の国においてクラスアクション制度が認められている例がある。

エ　リニエンシー制度

欧州競争法の下でもリニエンシーが認められており、一定の条件を満たした場合には制裁金の減免を受けることができる。制裁金の免除を受けるためには、他の事業者に先駆けて最初に申告を行う必要があるが、第２位以下となった場合であっても、当局に提供した資料の内容等に照らして、制裁金が減額される可能性はあり得る。

⑶　中国における競争法規制

中国では、独占協定を処罰する旨規定され、また、リニエンシー制度についても規定されている。独占協定に対しては、違反行為の停止や違反行為によって得られた利益の没収に加えて、前年度の売上高の１％～10％の行政制裁金が課されることとされている。違反行為の自主的な申告があった際、重要な証拠が提出された場合には、当局において、状況を勘案して、処罰を軽減または免除するものとされている。

2014年８月、中国の国家発展改革委員会は、日系の自動車関連メーカー計12社に対して、価格カルテルを行っていたとして、総額12億3500万人民元（約200億円）の制裁金の支払いを命じたが、この事件は、すでに米国等でカルテルの処分対象となった全12社が、中国当局に対して自発的にカルテルの事実を申告し、リニエンシー制度の適用を受けたケースである。中国では、2008年に独占禁止法が施行されて以降、リニエンシー制度が用いられたケースは多くはないが、利用できないわけではない。

3　腐敗防止法

⑴　米国における腐敗防止法

ア　FCPA

米国において公務員への贈賄等を規制する法は複数あるが、その中でも、外国公務員等への贈賄を規制する Foreign Corrupt Practices Act（FCPA）が特に重要である[8]。これは、米国外の政府関係者や公務員に対する贈賄等を規制するものである。なお、FCPA は、外国公務員に対する贈賄等を禁止するのに加え、会計不正についても別途処罰をしている（会計･内部統制条項）。会計・内部統制条項の違反があった場合には、贈賄の事実が認められなくとも処罰されることとされている。

もちろん、米国内の公務員への贈賄等も問題であるが、これは FCPA の守備範囲外であり、他の米国の法令によって規制されている。FCPA が重要なのは、米国内に所在する企業のみならず、米国外に所在する企業までもが、米国外の公務員等に行った贈賄について、処罰されることとされており、実際に盛んに執行されているためである。これは日本企業についても例外ではない。

FCPA の違反があった場合、贈賄禁止条項への違反については法人は 200 万ドル以下の罰金、役職員個人については 25 万ドル以下の罰金または 5 年以下の禁錮ないしはその併科がなされうる。会計・内部統制条項への違反の場合、法人については 2500 万ドル以下の罰金、個人については 500 万ドル以下の罰金または 20 年以下の禁錮ないしはその併科がなされうる。

イ　公務員の範囲

なお、FCPA が規制する贈賄の相手方は、主に公務員が念頭におかれているが、国営の事業体の役職員や、外国政府から権限の委任を受けた事業者として、たとえば環境基準をクリアするかどうかについての検査、試験等を

8 DOJ において非公式和訳を公開している（〈https://www.justice.gov/criminal-fraud/statutes-regulations〉）。なお、和訳以外にも、約 50 の言語による翻訳も公開されている。

委任されている指定検査機関、指定試験機関の職員なども含まれると解されている。

ウ　ファシリテーションペイメント

ファシリテーションペイメントとよばれる例外が認められている。日常的でかつ裁量権のない政府サービスに対するものであって、かつ、支払いが一度きりの少額なものについては、FCPA は適用されない。

ただし、このようなファシリテーションペイメントであっても、支払いの記録が正確になされていない場合には、会計・内部統制条項との関係で問題となりうる。

また、ファシリテーションペイメントにあたるための要件、特に「裁量権がない」ことは、場合によっては企業側からはわかりにくい場合もあり得るところであり、ファシリテーションペイメントとして許容されると思い込んで少額の支払いを行ったが、実は許容されず、FCPA に基づき処罰されるというリスクも否定できない。

さらに、以上のようなファシリテーションペイメントの考え方は世界的に広く認められているものではなく、ある国における公務員への利益供与が、たとえ FCPA 上はファシリテーションペイメントとして認められたとしても、他の国における外国公務員への贈賄規制や、当該利益供与が行われた国における贈賄規制に違反しているという可能性も十分にありうるところである。

したがって、ファシリテーションペイメントが許容されているからといって、公務員から利益提供の求めがあったとしても、安易にこれを受け入れるのではなく、関連する法制を考慮したうえで作成したガイドラインに基づき、厳格な条件の下でのみ行われるべきであり、かつ、その際の記録を残すことが必要と考えられる。

エ　域外適用

FCPA は、その適用対象ごとに条文を書き分けており、適用対象としては大きく３つ、米国で上場している等一定の証券を発行している者（issuers）、米国内の事業者（domestic concerns）およびその他の者に整理されている。

このうち「その他の者」については条文上特段限定がなく、「合衆国の領域内にいる間、郵便または他のいかなる方法、もしくは州際通商手段を利用して」外国公務員への贈賄行為に関与した場合には、処罰の対象となる。ここでの適用対象はかなり広くとらえられており、たとえば、日本から米国以外の国に電子メールを送信し、これが米国内のメールサーバを経由した場合には、上記に該当し、FCPA の適用がなされうる。たとえば、日本企業において、事業展開をするある国の代理店等を通じて贈賄行為を行い、その金銭は当該国にある日本企業の子会社が出捐しているような場合、一見すると米国の法が適用される余地はなさそうであるが、米国子会社と親会社との間でやりとりされた情報が、米国を経由している場合には、FCPA が適用される可能性が生ずる。その他、贈賄にあたって米国の銀行を通じて米ドルが支払われたような場合にも適用されると解されている。

オ　自首による刑の減軽

競争法違反のように同業他社が違反行為に関与するものではないため、リニエンシー制度のようなものは設けられていないが、自主的に違反行為を申告し捜査に協力した場合、量刑の考慮要素とされる。

⑵　欧州における腐敗防止法

制定以降、外国公務員への贈賄行為に関して特に注意をすべきなのは、米国の FCPA であったが、近年制定された英国の UK Bribery Act（UKBA）も重要性を増してきている。

UKBA においては罰金額の上限が法定されていない（関与した個人についてはさらに 10 年以内の禁錮刑）。もっとも、実際に科されている罰金額は、同規模の事案を想定した場合、FCPA によるものよりも少額に収まっているようである。

その他特筆すべきは、民間企業に対する贈賄も規制対象となっている点である。また、FCPA では規定上一応許容されていたファシリテーションペイメントについて、例外として許容する規定はない。

⑶　中国における腐敗防止法

中国では、2012年11月の共産党第18回党大会で習近平国家主席による体制が発足して以降、「反腐敗キャンペーン運動」が展開され、汚職や贈収賄について高級幹部さえも対象に厳しい調査・処分が実施されている。2016年4月には、「汚職賄賂刑事事件の処理における法律適用の若干問題に関する最高人民法院、最高人民検察院の解釈」が公布され、同日から施行された。

刑法上、贈賄罪が規定されているが、科刑は収賄の金額に応じて2段階に分けて規定され、①②にまで至らない場合は3年以下の有期懲役または拘役、②金額が「巨額」の場合は、3年以上10年以下の有期懲役、罰金が併科されるものとされている。非公務員に対する贈収賄罪についても、金額に応じた法定刑が定められている。習近平国家主席の下での反腐敗キャンペーンは継続して実施されるものと予測されており、日本企業も留意する必要がある。

4　データ・プライバシー

⑴　欧州におけるデータ・プライバシー

規制の範囲・詳細さや違反した際の多額の制裁金に照らし、データ・プライバシー関連の規制でまず着目されるのは2018年に制定された一般データ保護規則（General Data Protection Regulation, GDPR）である。

現在適用されているGDPRの前身は、1995年に施行された一般データ保護指令（General Data Protection Directive）であり、同指令が欧州域内の個人データの取扱いに関して包括的なルールを定めていた。この指令（Directive）という法形式は、それ自体は欧州域内の企業ないし個人に適用されるものではない。指令が制定された場合、各加盟国において、その内容に沿って独自に内国法を制定することとなり、これを通じ、指令の目的を達成することがめざされている。したがって、一般データ保護指令の下においては、この指令に基づいて制定された各加盟国の法律等に基づいて個人情報の保護が図られており、また、法の執行状況の監督は、各加盟国に設けられたそれぞれの監督当局が担当することとなっていた。

2018年に制定された一般データ保護規則（GDPR）は、先述の指令（Directive）

よりも一段レベルを引き上げた規則（Regulation）という法形式によることとなった。その背景としては、近年の個人データの利用の広がりや、欧州国境を越えたデータ移転がより容易かつ頻繁に行われるようになったことがあげられる。規則によることとなった結果、従前の指令によっていた時代とは異なり、全加盟国で共通のルールが設けられることとなった。また、その内容としても、冒頭で述べたとおり、規制の範囲が大幅に拡大し、個々人に付与された権利内容も拡充が図られるとともに、違反した際の高額な制裁金も規定されるに至った。もっとも、法執行の監督は、引き続き、指令時代に各加盟国に設けられた監督当局が、独立した機関として、担当することとなった。ただし、新たに設立された欧州データ保護会議（European Data Protection Board, EDPB）が各当局間の調整にあたることとされた。

GDPRは、欧州域内のデータを取り扱う以上、そのビジネスの拠点が欧州域内になかったとしても適用される。したがって、欧州域内の現地法人でなくとも、欧州域内でビジネスを営んでおり顧客のデータを取得する、あるいは、欧州域内の関連会社等の従業員等のデータを取得するといった場合には適用があり得る。

具体的な規制として主なものについて触れる。まず、個人データを取得するにあたって、当該データの主体より、その取扱いについて同意を得る必要がある。この同意を取得するに際しては、一定の情報（取得期間、理由、提供先の情報等）を通知することが前提となる。データを取得した後であっても、データ主体に個人データの訂正権やアクセス権等が認められている。また、個人データを用いてプロファイリングを行うに際しても一定の規制が設けられている。さらに、特に留意すべき点として、取得した個人データを欧州域外に移転する際に規制が設けられており、具体的には、移転元と移転先との間にデータ保護に関する契約が締結されているか、データ主体による同意が得られている等の、一定の要件を満たさねばならない。また、欧州域内の個人データを取り扱うものの欧州域内に拠点をもたない事業者は、一定の場合、域内に代理人をおき、当局対応等にあたらせる必要がある。その他、データ流出等が生じた際は72時間以内に監督当局に報告することが義務づけられており、この点も有事の際には留意が必要である。

なお、実務上留意すべき点として個人データの欧州域外への移転に関する規定をあげたが、移転が許されるために必要なデータ主体の「同意」は、非常に厳格な要件の下でしか認められていない点には注意が必要である。したがって、実務上は、移転元・移転先でのデータ保護に関する契約の締結をしたうえで越境移転をする例が多いように思われる。

(2)　米国におけるデータ・プライバシー

米国においては、これまでは、データ・プライバシーの分野では、欧州について述べたような全地域に適用される統一的な法規制は制定されてこなかった。各業界に適用される個別の業法において、顧客等の情報取扱いについて規制を設ける例や、あるいは、業界横断的な規制であっても、13歳未満の児童を保護対象とした法規制（Children's Online Privacy Protection Act, COPPA）のように、個人情報の主体の属性に着目した規制が設けられる例があったにすぎなかった。

そのような中で、2020年1月に、カリフォルニア州において、個人情報の取扱いに関する包括的な法規制として、California Consumer Privacy Act（CCPA）が施行されることとなった。

CCPAも、GDPRと同様に、個人データの主体に、情報取扱いの状況を知る権利や削除を求める権利を付与する内容となっている。データの移転についても規制が設けられているが、GDPRのような包括的なものではなく、個人データの販売に焦点を当てた規制となっている。なお、適用対象として、カリフォルニア州で事業を行っていることが必要とされているが、カリフォルニア州内で事業を展開していれば、必ずしもカリフォルニア州法人でなくとも適用されうると解されている。

今までのところ、データ・プライバシーに関する包括的な法規制は、個別の州法で制定が進められている状況であったが、連邦法レベルでの規制を設けることが検討されており、法改正の動向には注意が必要である。

(3)　中国におけるデータ・プライバシー

中国では、2017年に一定のデータを国外に持ち出すことを制限する「インターネット安全法」が施行された。また、2021年９月には通信やエネルギー等の国家安全にかかわるインフラ施設関連のデータの収集や加工等の行為を、国家安全・公共の利益・個人や組織の合法的利益に対して危害を及ぼしうる行為として規制する「データ安全法」が施行された。

そして2021年11月には、GDPRをモデルとしたとされる「個人情報保護法」がようやく施行された。これらインターネット安全法、データ安全法および個人情報保護法は、「データ統制３法」として中国指導部が目下、最重要テーマとして法整備に力を入れており、今後、具体的な運用について細則や規程等の整備が進められる見込みである。

個人情報の保護は、日々の迷惑電話やスパムメール等に悩まされる中国国内の一般人にとっても関心が高い。個人情報保護法は全73条からなり、個人情報の収集と利用に関する基本的な指針を示している。主に、個人情報の取扱いについては、事前に個人情報の取扱目的や方法、種類や保管期間等を十分に通知したうえで原則として本人の同意を得ることとし、変更があった場合には変更部分を本人に通知することといった基本ルールのほかに、ビッグデータを利用した詐欺行為等を禁じるため、自動化された意思決定のために個人情報を利用する個人情報取扱者は、意思決定の透明性と公正かつ公平な結果を確保したうえで、取引価格その他の取引条件について個人に不合理な差別的取扱いをしてはならないといった内容が定められた。これは中国国内の一部のインターネット上の販売価格において、利用頻度が高い顧客ほど高い価格が提示されている傾向が指摘され、「ビッグデータによるお得意様いじめ」として社会問題になったことを受けたものである。その他、センシティブな個人情報（医療健康、金融口座、宗教等）についての厳格な保護、個人情報の中国国外への流出についての規制等も盛り込まれている。

これらの法律は施行されたばかりで具体的運用規則や判例などは少ないが、今後さまざまな展開があり得る重要法規なので、報道等も含め注目しておく必要がある。

5　人　権

第１編第１章Ⅴでは、国連を中心とした、企業活動における人権尊重を促進する取組みについて紹介した。これを受けて、実際に各国において立法化をめざす取組みがなされている。

動きのある分野であることから、常に最新の情報を入手することが望ましいが、主要国における現時点での議論の状況については2021年７月に日本貿易振興機構（ジェトロ）より公開されている「『サプライチェーンと人権』に関する政策と企業への適用・対応事例〔改訂第２版〕」[9]が詳しい。

たとえば、欧州においては、人権遵守の点も含めた、サプライチェーンにおけるデューディリジェンスを義務づけることをめざす指令が提案されており、審議がなされている。また、指令の案によれば、大企業のみが実施をすればよいということではなく、中小企業を含む上場企業が対象となる見込みであるうえ、欧州域内で活動する限り、日系企業も対象となる可能性がある。ドイツなどの欧州の加盟国でも立法が進んでいる。

米国については、新疆ウイグル自治区の人権問題に関して、繊維業や農業等の強制労働の疑いのある分野において、企業における自主検査が要請されているうえ、成立する見通しは立っていないものの、証券取引委員会への開示を求める法案も提出されている。個別の州でも動きがあり、カリフォルニア州では、罰則は設けられていないものの、サプライチェーンにおける人権遵守を促進する取組みについて、消費者に開示することが義務づけられている。

9 日本貿易振興機構（ジェトロ）海外調査部「『サプライチェーンと人権』に関する政策と企業への適用・対応事例〔改訂第２版〕（2021年７月）」〈https://www.jetro.go.jp/ext_images/world/scm_hrm/report210609.pdf〉。

6　産業スパイ

中国では、反スパイ法が2014年11月1日に公布され、同日付で施行されている。同法の目的は、「スパイ行為を防止、制止、処罰し、国家の安全を保持する」と規定している。また、刑法上も国家安全危害罪が規定されている。

報道によれば、中国当局は2015年以降、これらのスパイ行為に関与したなどとして複数人の日本人男女を拘束し、このうち８人に実刑判決を言い渡しているとのことである。

また、軍事関係の施設・設備、国境管理施設などの一部の公的施設等では写真撮影が厳しく制限されており、逮捕に至らなくても当局から一時拘束され、撮影した写真を調べられ、削除を求められる事例も散見されている。これらの施設等にはむやみに近づかないよう留意が必要である。

執行の動向に関する最新情報は、在中国日本大使館のウェブサイト[10]のものが参考になる。

Ⅱ　コンプライアンス体制の構築

現地法制等の適切な把握により、留意すべきリスクが把握できたとしても、海外拠点におけるオペレーションは多岐にわたるため、法規制に関する適切な知識を有する者において、その全般につき逐一監督をすることは現実的ではない。

したがって、リスクのあり得る行為類型については禁止したり、社内で一定のプロセスを踏ませる等により、リスクの顕在化を未然に防ぐため、コンプライアンス体制の構築が重要となる。

また、地域ないし法分野によっては、トラブルが生じた際に、適切なコン

10 外務省海外安全ホームページ「中華人民共和国（中国）危険・スポット・広域情報」〈https://www.anzen.mofa.go.jp/info/pcinfectionspothazardinfo_009.html#ad-image-0〉。

プライアンス体制が構築されていたことをもってペナルティを軽減することが行われており、かかる観点からも、コンプライアンス体制の構築が有用となる。たとえば、米国では、外国公務員に対する腐敗行為や競争法違反といった企業犯罪について、量刑判断の指針が公開されているが、その中で、効果的なコンプライアンス体制が構築されていることが減刑事由として掲げられている[11]。また、贈収賄規制についてはタイ、競争法についてはマレーシア、シンガポールおよびインドネシアなどの東南アジアの各国において、同様に減刑を定めている。

11 連邦量刑ガイドライン（United States Organizational Sentencing Guideline）。

第2章 取引先とのトラブル

Ⅰ 予防法務と契約の重要性

第１編で述べたとおり、国際取引においては、国内取引と異なるリスクがあるため、リスクを未然に防止すべく盛り込むべき条項を入念に検討したうえで、契約を取り交わすことが重要である。

Ⅱ 契約法の概要

取引先との間でトラブルが生じたときに解決の指針になるのが契約である。したがって、契約の文言やその解釈が問題となる。

契約の解釈は、それぞれ国の契約法によって異なり、詳細は各国の専門家に確認する必要があるが、日本・米国・中国の契約法の概要は以下のとおりである。

1　日本の契約法の概要

日本の契約法の一般法は民法である。民法は、典型契約として、贈与、売買、交換、消費貸借、使用貸借、賃貸借、雇用、請負、委任、寄託、組合、終身定期金、和解の13類型を定めている。もっとも、私的自治の原則や契約自由の原則により、強行法規に反しない限り、当事者で自由に契約の内容を定めることができる。強行法規としては、たとえば公序良俗に反する条項（民法90条）、利息制限法所定の利率を超える利息・違約金・金利を定める条項（利息制限法１条、４条、７条〜９条）、事業者の損害賠償義務を免除させたり、消費者の解除権を放棄させたりするなど、消費者の権利を一方的に制限しまたは消費者の義務を加重する消費者契約の条項（消費者契約法８条～10条）などがあげられる[12]。

契約の解釈にあたっては、裁判例において、①契約の文言、各条項の関係のほか、②当事者の意図・目的、③業界における慣習、④対価の相当性等を総合的に考慮して、当事者の意思を探求すべきとされている（東京地判平成19年１月19日判タ1290号260頁等）。このように、契約の解釈にあたっては、契約の文言だけではなく、当事者の意図・目的、業界における慣習も総合的に考慮される。

2　米国法

米国の契約法の中心は、州法であり、判例法である。すなわち、契約の解釈に当事者間で疑義が生じた場合、州ごとに裁判所が契約についての紛争に関して判断した先例の集積を意味する判例法に基づいて個々の契約の解釈が行われる。そのため、判断は州ごとに差異があり得るが、判例による判断と判断が分かれている事項が契約法リステイトメント[13]に州法の条文ごとに取りまとめられている。また、裁判所による統一的な判断のために、消費者保護を目的とした制定法や統一商事法典などの制定法（Uniform Commercial Code。以下「UCC」という）も設けられている。したがって、米国の契約法の法源（解釈の指針）としては、各州の州法および裁判例のほか、契約法リステイトメント、UCCその他の制定法があげられる。特に売買については、UCCに定めがあり、参照されることが多い[14]。

---

12 原悦子＝井上葵＝森崎航「公法の適用」道垣内正人＝古田啓昌編『実務に効く国際ビジネス判例精選（ジュリスト増刊）』（有斐閣、2015年）57頁。上掲したもののほか、たとえば、独占禁止法について東京地決平成19年８月28日判時1991号89頁、労働組合法について東京地決昭和40年４月26日労民16巻２号308頁、不正競争防止法２条１項１号について大阪地判平成16年11月９日判時1897号103頁、外為法・外為令について最判昭和40年12月23日民集19巻９号2306頁・最判昭和50年７月15日民集29巻６号1029頁。

13 アメリカ法律協会（American Law Institute）が判例法の現状と判例が分かれている点についてのあるべき法（ルール）を条文の形式で示したもの。

14 以上につき、樋口範雄『アメリカ契約法〔第２版〕』（弘文堂、2008年）27頁～29頁。

また、契約の解釈にあたって重要なルールの一つに「parol evidence rule[15]」（口頭証拠排除ルール）がある。これは、正式契約書以外の証拠を排除する法理を意味する。契約交渉の過程でのさまざまな合意のうち、最終的に合意された内容を文書で確定しようとする当事者の自由を保護する趣旨であると解されている。そのため、契約書には、これが当事者間での最終合意である旨を示す完全合意条項が入れられることが多い。このような条項がない場合であっても、合理的な当事者であれば、問題となっているような合意内容を契約書に記載したであろうかとの観点から解釈される。「parol evidence rule」は、次のようにUCCの売買に関する条項[16]にも反映されている[17]。

① 当事者が契約書を合意の最終的表示と意図した場合には、それと矛盾するそれ以前の証拠を持ち出して、契約書の内容を否定することはできない。

② しかし、それと矛盾しない条項や当事者間のそれまでの取引の経過、履行の経過、あるいはその業界での取引慣行を持ち出して、「説明」や「補充」をすることはできる。

③ さらに、当事者が契約書に記載された以外の事柄は一切合意していない、契約書に記載されたことだけが合意の内容であるという趣旨を明記しておいた場合には、契約書の内容と矛盾しないものであっても追加的条項を持ち出して「補充」することはできない。ただし、その場合でも、取引の経過・取引慣行・履行の経過を持ち出して「説明」「補充」を行うことは認められる。

3　中国法

中国の契約法は、総則（総論）と分則（各論）および付則の計23章・428条で構成される。分則（各論）には、売買契約、電気水ガス熱供給契約、贈

15 Gianni v. R. Russel & Co., Inc., 126 A. 791 (Pa. 1924), Martin v. Berens, 67 Pa. 459 (1871), 463: Irvin v. Irvin, 21 A. 816 (Pa. 1891)

16 UCC2-202条

17 樋口・前掲書（注14）163頁。

与契約、金銭貸借契約、賃貸借契約、ファイナンスリース契約、請負契約、建設工事契約、運送契約、技術契約、寄託契約、倉庫保管契約、委任契約、取次契約、仲介契約の15種類の典型契約が規定されている。

日本企業の中には、中国企業との契約については、欧米とは異なるとして契約書類を軽視する企業も存在すると聞く。しかし、現在、中国はひと時代前とは異なり、契約法も存在する「法治国家」であるから、十分な検討を踏まえた契約締結は必須である。他方､契約書がその効力を発揮するためにも、契約締結前に、相手方を調査することが必須である。中国では、営業許可証を入手することにより、相手方の企業形態、登記資本金、営業期限、経営範囲に関する情報を入手することができる。またインターネット上での国家企業信用開示系統や、民間資本による「企査査」により資本構成の変化、行政処罰の有無や訴訟案件の有無などの情報を入手できるので、新たな取引先との契約締結前にはこれらの情報を確認すべきである。

Ⅲ　実務上留意すべき事項と条項案

各国の契約法により以上のような違いがあり、詳細についてはその契約の準拠法の専門家に確認する必要があるが、本書では、以下で、典型的な契約類型でみられる国際取引特有の条項例について紹介したうえで、それらの契約類型に共通する準拠法・紛争解決に関する条項を初めとした一般条項について検討する。

1　インコタームズ

国際的な商品物売買においては、国境を越えて物品が移転するため、売主と買主との間で、物品の引渡しに関する危険の移転、役割や費用（運送の手配と運賃の支払い、保険の手配と保険料の支払い、通関手続と費用）の負担区分などの認識に齟齬があると争いの原因になる。

インコタームズ（International Commercial Terms(INCOTERMS)）は、このような齟齬が生じないよう、国際商業会議所（International Chamber of

Commerce(ICC)）によって1936年に作成された「貿易条件の解釈に関する国際規則」の下で売主・買主が行うべき義務をまとめた取引条件をいう。

INCOTERMSは、①物品の危険移転の分岐点、①売主と買主の役割分担（運送の手配、保険の手配、通関手続等をどちらが行うか)、③売主と買主の費用負担の範囲（運賃、保険料、通関費用等をどちらが負担するか）について、アルファベット３文字で示されるパターンに分類して規定している。たとえば、INCOTERMS 2020は、〔図表６〕の11種類の類型を示している。

〔図表６〕 INCOTERMSの類型

〈あらゆる運送手段に適した類型〉

類型	意味（英語）	意味（日本語）
EXW	Ex Works	工場渡し
FCA	Free Carrier	運送人渡し
CPT	Carriage Paid To	輸送費込み
CIP	Carriage and Insurance Paid To	輸送費保険料込み
DAP	Delivered at Place	仕向地持込渡し
DPU	Delivered at Place Unloaded	荷卸込持込渡し
DDP	Delivered Duty Paid	関税込持込渡し

〈海上輸送のための類型〉

類型	意味（英語）	意味（日本語）
FAS	Free alongside Ship	船側渡し
FOB	Free on Board	本船渡し
CFR	Cost and Freight	運賃込み
CIF	Cost Insurance and Freight	運賃保険料込み

ここで定められたFOB（運送人渡し）やCIF(運賃・保険料込み）などの貿易条件を契約で指定することにより、簡易に貿易取引の不確実性を排除することが可能となる。ただし、INCOTERMSは、上記の３点について類型化したものであり、たとえば、通貨、契約違反時の損害賠償の負担、不可抗力事由、紛争解決手段などその他の項目については定めていない。特に気をつけなければいけないのは、INCOTERMSは、所有権の移転時期については何ら定めていない。したがって、INCOTERMSが定める条件に沿って取引される場合であっても、これらの点については契約書で規定をしておくこと

が重要である。また、INCOTERMSはたびたび改定されているので、契約書に記載する際には、「本契約における貿易条件は、INCOTERMS 2020による」などとして、どの改定版を用いるかを明らかにすべきである。

【記載例】 INCOTERMSに関する契約条項例

The trade terms hereunder shall be governed by and interpreted by the provisions of the International Commercial Terms (INCOTERMS 2020) made by the International Chamber of Commerce.
日本語訳：本契約で定める取引条件は、国際商工会議所によって策定されたINCOTERMS 2020の規定に準拠し解釈される。

2　租税条約に関する条項

国内取引において、ライセンス契約等に基づき、ライセンシーがライセンサーに対し、ロイヤルティ等を支払う場合、ロイヤルティの額から所得税および復興特別所得税について、源泉徴収して支払わねばならない（所得税法161条1項11号）。しかし、ライセンサーが外国法人等で日本における非居住者である場合には、二重課税を避けるために、当該外国との間で、源泉所得を軽減または免除する旨の租税条約が締結されている場合がある。その場合には、条約が法律に優先するため、源泉徴収義務が軽減または免除される。

源泉徴収の対象となる国内源泉所得の支払いを受ける非居住者等が、日本において源泉徴収される所得税および復興特別所得税について、租税条約に基づき軽減または免除を受けようとする場合には、「租税条約に関する届出書」[18]を提出する。

しかし、非居住者等が支払いを受ける日の前日までにかかる届出書が税務署に提出されていない場合には、支払者は、支払いの際、国内法に規定する

18 国税庁は、ホームページ上で各種の支払いに応じた「租税条約に関する届出書」の様式を公開している（〈https://www.nta.go.jp/taxes/tetsuzuki/shinsei/annai/joyaku/annai/1648_39.htm〉）。使用料に対する所得税および復興特別所得税について軽減・免除を受ける場合には国税庁所定の様式3を用いる。

税率によって源泉徴収を行うこととなる。この場合には、追って、しかるべき手続を経ることで、支払者は、軽減または免除されるべきだった金額の還付を受けることができるが、還付を受けるより税金の支払い前に税の軽減または免除を受けておくほうが好ましい。したがって、税の軽減または免除を適切に受けることができるよう、契約において、非居住者等から所定の届出書の提出がなされるよう、非居住者の協力を明記しておくことが望ましい。

たとえば、国内居住者であるライセンシー（下記条項例の「Licensee」）が非居住者であるライセンサー（下記条項例の「Licensor」）に対して、ライセンス料を支払う場合、ライセンシーが源泉徴収義務を免れるためには、ライセンサーから国税庁に対し、非居住者であることの証明と「租税条約に関する届出書」の届出がなされなければならない。そのため、以下のような条項を設けることが考えられる。

【記載例】　税の軽減または免除に関する契約条項例

Any withholding tax or other tax of any kind that the Licensee is required by applicable law to withhold and pay on behalf of the Licensor with respect to the royalty shall be deducted from such amounts prior to remittance to the Licensor, unless the Licensor provides the Licensee with documents required by revenue authorities, to enable the Licensor to claim exemption from such withheld taxes.

日本語訳：ライセンシーがライセンス料に関してライセンサーに代わって法律上支払義務を負う源泉徴収税その他一切の税金相当額は、ライセンサーがライセンシーに対して支払当局から要求される源泉徴収税の免除に必要な書類を提出した場合を除き、ライセンサーに対する支払いから送金時に差し引かれる。

3　腐敗防止に関する条項

代理店契約や業務委託契約などを締結する場合に、委託先に腐敗防止に関する法令違反があると、委託者もそれによって制裁を受ける可能性がある。そこで、委託先に腐敗防止に関する法令違反を行わないことを義務づけるとともに、腐敗防止がない旨の表明保証条項を設けることが考えられる。たとえば、委託先を「Company A」とすると、以下のような条項例が考えられる。

【記載例】　腐敗防止に関する契約条項例

> To the knowledge of Company A, there is no litigation, legal action, arbitration, investigation, inquiry, hearing or other proceeding related to any anti-bribery regulations by or before any governmental authority against Company A and its properties or assets.
> Company A shall not make any payment, in relation to this Agreement, to any government authorities, and their respective officer, agent, that would reasonable be expected to result a breach of any applicable anti-bribery regulations.
> 日本語訳：A社が知る限り、A社およびその資産に対し、いかなる政府当局により、またはその面前で、腐敗防止規制に関連する訴訟、法律上の措置、仲裁、調査、取調べ、事情聴取その他の手続が継続していないことを保証する。
> A社は、本契約に関して、いかなる政府当局、それらの担当官、代理人に対し、何らかの腐敗防止規制に違反するような支払いを行わないものとする。

4　経済制裁に関する条項

売買契約や代理店契約を締結する際には、経済制裁に反しないように注意することも必要である。そこで、経済制裁対象者をSanctioned Personsと定義したうえで、以下のような表明保証条項を設け、これに違反があった場合の措置（解除や出資分の譲渡しを求める条項（コールオプション）または買取りを求める条項（プットオプション）等）を定めておくことが考えられる。

【記載例】　経済制裁に関する契約条項例

> Company A, its subsidiaries and their respective directors, employees, and agents, to the knowledge of Company A, are compliance with applicable economic sanctions law in all material aspects and are not knowingly engaged in any activity that would reasonably be expected to result in Company A being designated as a Sanctioned Person.

日本語訳：A 社が知る限り、A 社およびその子会社とそれらの役員、従業員、代理人は、適用のある経済制裁に関する法令を重大な点において違反しておらず、経済制裁の対象者として指定されることが合理的と考えられる行為に知りながら従事していない。

5　輸出管理規制に関する条項

新商品の開発や取引を検討するにあたっては、商品のサンプルや資材・試料などの現物を実際に相手方から受領して検討することがある。これらの現物が秘密保持契約上の秘密情報に該当すると規定されることも多いが、現物の授受に関しては、輸出管理規制や所有権の移転などを伴うことも多いため、秘密保持契約とは別に物質移転契約が締結されることがある。現物を輸出する場合、特に注意すべきなのは、各国の輸出入に関する規制を遵守するとともに、輸出管理規制に関する責任の帰属について明確にしておくことである。特に、米国の輸出管理規制（Export Administration Regulations, EAR）は、対象品目が広範で、域外適用されるため、原産地が米国でなくても、現所在地がどこであっても適用される可能性がある[19]。違反すると米国の制裁対象になり得ることから注意が必要である。そこで、当事者間でかかる規制について遵守することを明記するだけではなく、商品の引渡し義務を負う者（Company A）の責任を明確にし、相手方（Company B）に対する損害賠償義務を明記しておくことが考えられる。

19 EAR は、米国にある物（原産地を問わない）を米国外に輸出する場合のみならず、（米国外から米国に対し）①米国原産品目（物品（Commodities）、技術またはソフトウェアを含む）、②米国原産品を用いて直接製造された製品（直接製品）、③米国原産の技術またはソフトウェアが一定の割合を超えて組み込まれた製品を再輸出する場合にも適用される。なお、米国原産（U.S.origin）について、EAR は定義を設けていないが、米国において、製造、処理、組み立て、増強されたすべてのものを網羅する趣旨で用いられていると解される。

【記載例】　引渡し義務を負う者が輸出管理規制に関する責任を負うとする条項例

> It shall be Company A's responsibility to comply with the latest United States export regulations, and Company A shall defend and indemnify Company B from and against any damages, fines, penalties, assessments, liabilities, costs and expenses (including reasonable attorneys' fees and court costs) arising out of any claim that any materials provided by Company A hereunder were exported or otherwise shipped or transported in violation of applicable laws and regulations.
>
> 日本語訳：A 社は、米国の輸出管理規制を遵守する責任を負い、A 社は、本契約に基づき A 社から提供された商品および情報が輸出管理規制に反して輸出、輸送または運送されたことに関して B 社に生じたすべての損害、罰金、違約金、査定、責任、費用（合理的な弁護士費用および訴訟費用も含む）について賠償する義務を負う。

6　人権に関する条項

第 1 編でも述べたとおり、近年、国際人権保護に対する世界的な意識が高まっている。国際連合が 2011 年に「ビジネスと人権に関する指導原則」[20]を公表したことを受けて、各国で、企業に対し、サプライチェーン全体において人権を保護するための仕組みづくり（人権デュー・ディリジェンス）を求める動きが生じている[21]。このような人権デュー・ディリジェンスを推進するためには、たとえば、サプライヤーとの契約において、サプライヤー側に商品の製造過程において人権侵害がないことの表明保証を行わせる条項を設けることが考えられる。米国法曹協会（American Bar Association, ABA）が

---

20 外務省ウェブサイト〈https://www.mofa.go.jp/mofaj/files/100165917.pdf〉参照。なお、外務省は仮訳を公表している（〈https://www.mofa.go.jp/mofaj/files/000062491.pdf〉）。

21 なお、日本弁護士連合会が 2015 年に公表した「人権デュー・ディリジェンスのためのガイダンス」は、「デュー・ディリジェンス」とは、「（負の影響を回避・軽減するために）その立場に相当な注意を払う行為又は努力」を意味し、「人権デュー・ディリジェンス」の本質は、「人権リスクに関する内部統制」にあるとする。

2018 年に公表した人権保護のためのモデル条項（第１版）においても、サプライヤーが契約期間中に守るべきポリシーを Schedule P として規定し、そのうえで、サプライヤーが自己および下請業者等の関係者に遵守させ、それに違反がないことを表明保証させる条項例があげられている[22]。

しかし、近年、かかる表明保証では不十分ではないかとの指摘がなされている。米国法曹協会は、サプライヤーによる人権侵害はバイヤーの購買行動（厳しい納期、価格設定の要求、注文変更、人権デュー・ディリジェンスの意識欠如等）にも根差していると指摘する[23]。そのような問題意識を踏まえて、米国法曹協会は、新たに公表したモデル条項例（第２版）においては、契約両当事者が人権デュー・ディリジェンスを確立させ、それを外部に説明できるようにすることを契約上の義務として規定している[24]。

【記載例】　契約両当事者が人権デュー・ディリジェンスを確立し、それを外部に説明できるようにすることを契約上の義務とする条項例（米国法曹協会「モデル条項例（第２版）」）

> Buyer and Supplier each covenants to establish and maintain a human rights due diligence process appropriate to its size and circumstances to identify, prevent, mitigate, and account for how each of Buyer and Supplier addresses the impacts of its activities on the human rights of individuals directly or indirectly affected by their supply chains, consistent with the 2011 United Nations Guiding Principles on Business and Human Rights.

---

22 米国法曹協会（American Bar Association，ABA）「人権保護のためのモデル条項（第１版　）」〈https://businesslawtoday.org/2018/11/human-rights-protections-international-supply-chains-protecting-workers-managing-company-risk/〉。

23 湯川雄介＝伴真範＝中島朋子「グローバルサプライチェーン供給契約と人権保護――ABA モデル条項とその背景を踏まえて　第１回『ビジネスと人権』に関する近時の潮流およびモデル条項の位置づけ」NBL 1205 号（2021 年）26 頁。

24 米国法曹協会（American Bar Association，ABA）「人権保護のためのモデル条項（第２版）」(BALANCING BUYER AND SUPPLIER RESPONSIBILITIES Model Contract Clauses to Protect Workers in International Supply Chains, Version 2.0 〈https://www.americanbar.org/content/dam/aba/administrative/human_rights/contractual-clauses-project/mccs-full-report.pdf〉)。

日本語訳：買主および売主は、自己の事業規模および事業状況に応じて適切な人権デュー・ディリジェンスプロセスを確立する義務を負う。かかる人権デュー・ディリジェンスプロセスは、両者のサプライチェーンに直接的または間接的にかかわる個人の人権に与える影響を特定、防止、抑制し、かつ、買主および売主のそれぞれが外部に説明できるようにするためのものであり、2011年に国際連合により公表された「ビジネスと人権に関する指導原則」に整合的なものであることを要する。

また、日本弁護士連合会が提示するCSR条項の条項例[25]も、以下のとおり、サプライチェーン全体における人権・企業の社会的責任（CSR）として買主（甲）と売主（乙）の双方による共同の取組みを継続的に推進することを定めており、参考になる[26]。

【記載例】 CSR条項の条項例（日本弁護士連合会）

（CSR行動規範の遵守）
乙は、甲と共同して企業の社会的責任を果たすために、別紙規定のCSR行動規範を遵守することを誓約する。また、乙は、乙の調達先（本件取引基本契約の対象となる製品、資材又は役務に関連する調達先に限る。サプライチェーンが数次にわたるときは全ての調達先を含む。以下「関連調達先」という。）がCSR行動規範を遵守するように、関連調達先に対する影響力の程度に応じて適切な措置をとることを誓約する。ただし、乙の２次以下の関連調達先がCSR行動規範に違反した場合に乙に直ちに本条項の違反が認められることにはならず、乙がこの事実を知り又は知りうべきであったにもかかわらず適切な措置をとらなかった場合にのみ本条項の違反となるものとする。
英語訳：
Compliance with the CSR Code of Conduct

25 日本弁護士連合会「人権デュー・ディリジェンスのためのガイダンス（手引）」〈https://www.nichibenren.or.jp/library/ja/opinion/report/data/2015/opinion_150107_2.pdf〉。
26 条項例に示した英語訳は日本弁護士連合会の英語訳による。Guidance on Human Rights Due Diligence〈https://www.nichibenren.or.jp/library/en/document/data/150107_guidance.pdf〉。

In order to fulfill its corporate social responsibility jointly with the Purchaser, the Supplier undertakes that it will comply with the CSR Code of Conduct shown separately in the Attachment. The Supplier also undertakes to take appropriate actions with its own suppliers (limited to those related to the products, materials or services subject to this Basic Business Agreement; and if the supply chain covers multiple tiers of suppliers, all of such suppliers [hereinafter referred to as "Related Suppliers"]) to ensure that they are in compliance with the CSR Code of Conduct, subject to its level of influence over such Related Suppliers. Provided, however, the Supplier will not immediately be held in breach of this clause if any of the the Related Suppliers deviates from the CSR Code of Conduct; the Supplier shall be deemed in breach of this clause only in the event where the Supplier does not take appropriate action after it knows or should know about a violation by its Related Supplier.

7　完全合意条項

すべての契約に共通する条項（一般条項）の一つとして、完全合意条項がある。これは、契約締結以前の約束や合意内容を排斥し、契約に記載された内容が合意のすべてである旨明記した条項である。

【記載例】　完全合意条項

This Agreement constitutes the entire and only agreement between the parties hereto with respect to the subject matter hereof, and supersedes all prior negotiations or communication between the parties.
日本語訳：本契約は、当事者間における本件に関する完全かつ唯一の合意内容を構成するものであり、それ以前に当事者間でなされた交渉や協議の内容に優越するものとする。

完全合意条項は、当事者間で最終的に合意された内容は文書で確定しようとする英米法上の原則（parol evidence rule）に由来する条項である。しかし、このような原則は、日本法にはなく、日本では、前述したとおり、当事者の合理的意思解釈をするにあたっては、契約の文言だけではなく、当事者の意図・目的、業界における慣習も総合的に考慮されるのが一般的であるから、日本法を準拠法とする契約においては、同条項の効力が問題となりうる。

この点に関し争われた裁判例において、裁判所は、日本法を準拠法とする契約においても完全合意条項は有効であると判断し、完全合意条項を前提に、契約書の文言どおりの効力を認めて、それとは異なる内容の主張を排斥している[27]。ただし、これらの裁判例は、完全合意条項の定めがある契約についての当該事案における解釈を示したものであり、日本法が「parol evidence rule」に相当する口頭証拠排除の原則を採用することを判示したものではない。

なお、国際物品売買契約に関する国際連合条約（ウィーン売買条約）[28]も、「parol evidence rule」を採用しておらず、大陸法系の法では、一般的には、特に定めのない限り、当事者は契約書の記載だけに拘束されるものではないと考えられている。また、UNIDROIT 国際商事契約原則（ユニドロワ2016）[29]は、「当事者が合意した内容は当該書面にすべて示されている旨の条項が存するときは、先行する言明または合意についての証拠により、その契約内容が否認されまたは補充されてはならない。ただし、それらの言明または合意は当該書面を解釈するために用いることができる」と定めており、完全合意条項の有効性は認めながらも、先行する言明を当該書面の解釈に用いることができる旨を認めている。このような考え方からすれば、完全合意条項がある場合には原則的に契約書どおりに解釈し、その内容から一義的に判断できないような場合に初めて、契約上の条項の解釈に際して契約書外の事

---

27 たとえば、東京地判平成 18 年 12 月 25 日判時 1964 号 106 頁（シャープ対ハンスター事件）、東京地判平成 7 年 12 月 13 日判タ 938 号 160 頁、知財高判平成 22 年 9 月 29 日裁判所ウェブサイト、東京地判平成 31 年 2 月 27 日金融法務事情 2138 号 100 頁。

28 United Nations Convention on Contracts for the International Sale of Goods（CISG）

29 UNIDROIT Principles of International Commercial Contracts 2010

情を考慮することになろう[30]。

8　準拠法に関する条項

(1)　準拠法とは

国際取引において、争いが生じた際に特に重要となるのが準拠法と紛争解決に関する条項である。

準拠法は、どの国の法律に準じて契約を解釈し、契約の成立や効力等契約に基づく権利関係を判断すべきかの問題である。準拠法は、原則として、提訴がなされた裁判所等が、国際私法の原則に照らして判断することとなる。わが国においては、2006年に制定された法の適用に関する通則法（以下、「通則法」という）があり、これが国際私法の原則を成文化したものにあたる。しかし、国際私法の原則について、世界統一的な規範は存在せず、国によって準拠法選択の結論が異なる可能性もあり得る[31]。

契約上の給付が一方から他方になされる国際的な取引において注意すべきなのは、ある法律行為について、法律行為の原因関係である債権行為の側面と、所有権移転などの物権変動の側面とで分けて準拠法を考えるべきとされている点である。たとえば、売買については、その原因関係たる債権行為の側面と、物の移転に関する物権変動の側面とがある。そのため、以下でも債権行為の側面と物権変動の側面で分けて検討する。

(2)　契約の準拠法

通則法７条によれば、法律行為の成立については、強行法規に反しない限

30 浜辺陽一郎「契約の成立と解釈」道垣内＝古田・前掲書（注12）19頁。
31 かかる矛盾を避けるために、各国の法律によらずに、国際物品売買について統一的な規律を定めたのが1980年に成立した「国際物品売買契約に関する国連条約（ウィーン売買条約）」である。ウィーン売買条約は、①当事者の営業所の所在国がいずれも締結国であるとき、または、②国際私法の規則により締結国の法を適用すべきときに適用される。ただし、当事者の契約により適用を排除することが可能であり、実際に排除している例も多い。

り、当事者が選択した地の法が準拠法とされる[32]。これは、法律行為の債権行為の側面（契約）の成立および効力に関し適用される法律については、当事者が選択できることを意味する。

契約の効力が争われるようになってからでは、当事者が準拠法について合意することは難しい。これが、国内取引であれば、日本法を準拠法とすることが暗黙の了解とされているため、当事者間で契約に定めなくても特に問題はない。しかし、国際取引の場合には、後日、準拠法に関する争いが生じるのを防ぐため、契約時に、あらかじめ準拠法を合意しておくことが重要である。この場合、当該国の国際私法に係る法律によって、別の国の法律が適用されることのないよう、以下のように、両当事者は、法の適用に関する法の定めにかかわらず、当該国の準拠法を適用する、と定めておくとよい。

【記載例】　準拠法に関する条項例

This Agreement shall be governed by and construed in accordance with the laws of Japan without regard to the conflict of laws.
日本語訳：本契約は、法の適用に関する法令の定めにかかわらず、日本法に準拠し、同法に基づき解釈されるものとする。

問題は、どこの国の法律を準拠法と選択すべきかである。選択肢としては、①自国の法律、②第三国の法律、③相手方の国の法律、④それ以外が考えられる。

32 通則法11条および12条は、消費者契約・労働契約の準拠法について定めており、当事者による自由な選択は制限されている。これによれば、当事者間で選択した地の法律が、消費者の常居所地法あるいは労働者の密接関連地以外の法である場合であっても、消費者ないし労働者の密接関連地における特定の強行法規を適用すべき旨の意思を事業者に対し表示したときは、当該強行法規の適用を受けることとなる。
　また、独占禁止法などの絶対的強行法規（政治的・社会的・経済的制度などの公的利益を保護するために遵守が極めて重要であると国家が考えるものであり、その適用範囲に入るすべての事案に適用されるべき規定（ローマⅠ規則9条参照））も、契約の準拠法とは関係なく適用されるといわれる（大塚章男『国際取引における準拠法・裁判管轄・仲裁の基礎知識』（中央経済社、2019年）49頁）。

契約の当事者としては、まず①自国の法律を準拠法と主張することが考えられるが、それでは準拠法が定まらない場合も多い。そのような場合、③相手方の国の法律を準拠法に選択するより、第三国の法律を選択したほうが、一般的には公平と考えられるため、②第三国の法律を準拠法として選択することが考えられる。この際、どこの国の法律を選択するかの判断にあたっては、契約当事者間の力関係のほか、信頼できる法律か、実際に紛争になった場合に相談できる弁護士が身近にいるか、紛争解決地と準拠法とがリンクすることが多いことに鑑み、当該地の紛争解決機関が信頼できるか等を考慮することが多い。たとえば、日本とオランダの法人の契約については、英国法、日本と中国の法人の契約については、シンガポール法、日本とテキサス州の法人の契約については、第三国ではないものの、弁護士の探しやすさの観点からニューヨーク州法を準拠法とすることが考えられる。

また、①～③以外にも、④として、世界共通ルールとしてあらかじめ制定されたルールに従うことが考えられる。世界共通ルールとしては、売買に関するウィーン売買条約、UNIDROIT 国際商事契約原則（ユニドロワ 2016）等がある。

ウィーン売買条約は、国境を越えて行われる物品の売買に関して契約や当事者の権利義務の基本的な原則を定めた国際条約で、国連国際商取引法委員会（United Nations Commission on International Trade Law, UNCITRAL）により、1980 年に採択され、1988 年に発効されたものである。2021 年 9 月現在、米国、カナダ、中国、韓国、ドイツ、イタリア、フランス、オーストラリア、ロシア等、94 か国において採択されており、日本でも、2009 年 8 月 1 日に発効されている[33]。たとえば、英米法下では、売主が契約を履行しない場合に買主に与えられる救済は、金銭による損害賠償が原則であって、物品の引渡しや修理など金銭賠償以外の特定債務の履行（specific performance）は金

33 締約国については国際連合のホームページ〈https://uncitral.un.org/en/texts/salegoods/conventions/sale_of_goods/cisg/status〉で確認できる。

銭的な損害賠償では十分な救済にならない場合に限り認められるにすぎない。これに対して、大陸法下では、一般に特定債務の履行が自然な救済方法となっている。ウィーン売買条約は、このような異なる法の調和を図っている。ウィーン売買条約は、当事者の所在する国がいずれも締約国である場合には、国際私法の定めにより締約国の法を適用するとされる場合を除き[34]、自動的にウィーン売買条約が適用される[35]。したがって、当事者において、ウィーン売買条約の適用を望まない場合には、契約において、下線部分のような記載を付加して、明確に適用を排除しておく必要がある[36]。

【記載例】　ウィーン売買条約の適用を排除する条項例（英文）

This Agreement shall be governed by and construed in accordance with the laws of Japan without regard to the conflict of laws. The application of the United Nations Convention of Contracts for the International Sale of Goods is expressly excluded.

日本語訳：本契約は、法の適用に関する法令の定めにかかわらず、日本法に準拠し、同法に基づき解釈されるものとする。ウィーン売買条約の本契約への適用は、明確に排除される。

UNIDROIT 国際商事契約原則（ユニドロワ 2016）は、国際的な商取引について、特定の国家の法的伝統および政治経済の状況に拘束されず、世界中で利用されるための均衡のとれた準則を確立することを目的として、異なる法

34 ウィーン売買条約 1.2 条
35 ウィーン売買条約 1.1 条
36 明確な定めがない場合にウィーン売買条約の適用が排除できるかについては争いがあり、たとえば、ウィーン売買条約の非締約国の法を準拠法として規定していた場合には、当事者がウィーン売買条約の適用を望んでいないことは明らかであるとして、ウィーン売買条約の適用が排除できるとする見解がある。また、当事者が INCOTERMS を採用していた場合、INCOTERMS の定める事項は売主の義務と危険負担等に限定されているから、INCOTERMS が定める事項については INCOTERMS が適用され、その他の事項については、ウィーン売買条約が適用されると解される（新堀聰『国際物品売買契約 <国際化> のすすめ』（同文館出版、2012 年）56 頁）。

を整理して作成されたリステイトメントである。かかる準則には拘束力はないが、当事者は、合意によりこの準則を準拠法として選択することが可能である[37]。UNIDROIT 国際商事契約原則は、契約締結後に事情変更（ハードシップ）が生じた場合に、ウィーン売買条約が損害賠償責任を免除する条項（不可抗力条項）しか設けていないのに対し[38]、損害賠償責任の免除に加えて[39]、再交渉を要請する権利を規定している点でより革新的である[40]。

⑶　物権変動に関する準拠法

以上の法律行為の債権行為の側面に対して、法律行為の物権変動の側面に関しては、通則法 13 条が適用され、目的物の所在地法が適用される。すなわち、物権の内容、効力、得喪の要件等は、当事者の選択した法にかかわらず、目的物の所在地法により判断される。たとえば、日本では物権変動につき意思主義が採用され、物権の譲渡の意思表示がなされた時点で物権が移転するが、ドイツでは形式主義がとられているため、物権の譲渡には引渡しを要する。そこで、ドイツに所在する目的物の移転に関しては、契約において定められた準拠法が何であれ、ドイツ法を適用して、引渡しがなされない限り、所有権は移転しないと考えられる。

⑷　知的財産権の譲渡契約の準拠法

以上のとおり、法律行為には、原因関係たる債権行為の側面と、物の移転に関する物権変動の側面とがあり、両者に適用される準拠法は分けて考える

---

37 “UNCITRAL, HCCH and UNIDROIT Legal Guide to Uniform Instruments in the Area of International Commercial Contracts, with a Focus on Sales” Para 103,125

38 ウィーン売買条約 79 条

39 UNIDROIT 国際商事契約原則 7.1.7 条（Force majeure）

40 UNIDROIT 国際商事契約原則 6.2.3 条（Effect of hardship）。なお、UNIDROIT は、2020 年 7 月、新型コロナウイルス感染症（COVID-19）の感染拡大を踏まえて、不可抗力およびハードシップに関する考察（Note of the UNIDROIT Secretariat on the UNIDROIT Principles of International Commercial Contracts and the Covid-19 Health Crisis）を公表しており、パンデミック等予期せぬ急激な事情変更により、契約の履行に過度に大きな負担を伴うようになった場合、どのように扱われるべきかの参考になる（森下哲朗＝曽野裕夫「COVID-19 と国際契約における不可抗力・ハードシップ」NBL1180 号（2020 年）4 頁）。

必要がある。

知的財産権の譲渡契約についても、原因関係である債権行為の側面と、知的財産権という物権類似の支配関係の変動の側面がある。したがって、契約において定めた準拠法は前者について定められたものであり、たとえば、共有に係る知的財産権の持分の譲渡に他の共有者の同意を要するかといった問題等[41]、後者に関する事項については、契約に定められた準拠法に関係なく、通則法13条ないし属地主義（知的財産権の成立、移転、効力等は当該国の法律によって定められるとする原則）により、目的となる知的財産権の保護国を準拠法として考えるべきことになる[42]。

9　紛争解決に関する条項

国際取引においては、紛争解決に関する条項を定めておくことが重要である。紛争解決に関する条項がないと、契約当事者は、自社に有利と考える場所と方法で、紛争解決手続を開始しようとして、むしろどの手続により当該紛争を処理するのかという点が争点となってその判断に多大な時間と労力を費やさねばならないことになりかねない。そのような事態を避けるため、契約締結時において、あらかじめ紛争解決に関する条項を定めておく必要がある。

⑴　紛争解決手段の決定

ア　裁判か仲裁か

紛争解決に関する条項を定めるにあたっては、まず、紛争解決手段として、いかなる手続を採用するのか定めておくことが重要である。代表的な紛争解決手段としては、裁判と仲裁がある。いずれの手続にも、メリット・デメリットがあるので、当事者にとって好ましいほうの紛争解決手段を規定するべきである。それぞれの特徴は〔図表7〕のとおりである。

41 たとえば、日本法においては、共有特許を第三者にライセンスするにあたっては他の共有者の同意が必要とされる（特許法73条3項）。

42 知財高判平成28年6月22日判時2318号81頁、東京地判令和3年2月18日裁判所ウェブサイト。

〔図表７〕 裁判と仲裁手続の比較

	裁　判	仲　裁
中立性	場所により現地企業に有利な判断がなされるリスクがありうる。	信頼できる仲裁地・仲裁機関を選べば中立的な判断が期待できる。
不服申立て	第一審判断に不服があれば、上訴審に不服申立てができる。	仲裁判断につき不服申立てはできない。
紛争解決までにかかる時間	上訴できるため、紛争解決までに時間がかかる可能性がある。	上訴できないため、早期に紛争解決できる可能性がある。
費　用	解決まで時間がかかれば、弁護士費用が高額になる可能性がある。	勝てば弁護士費用は相手方から回収可能。 ただし、仲裁人の費用の負担もある。
合意の要否	合意不要	事前の仲裁合意が必要
代理人	代理人として現地弁護士を起用する必要がある。	代理人として現地弁護士以外の弁護士を起用できる可能性あり。
判断者	裁判官。当事者により選択できず、必ずしも当該分野の専門家でない可能性がある。	仲裁人。当事者により選択でき、当該分野の専門家による判断が可能。
手続	強制的	柔軟
オンライン審理	オンラインで審理できる可能性があるが、仲裁より手続が柔軟でない可能性がある[43]。	オンラインで審理できる可能性がある。

秘密保持	原則として公開	非公開
言　語	現地語	使用言語を選択できる
執　行	判決を現地で執行できるかは現地の法律による。	条約により、仲裁判断に基づき現地で執行可能なことが多い。

〔図表7〕のとおり、一般的に、裁判は、手続が厳格であるうえ、第一審で判決が出ても、上訴が認められており、判決が確定するまでに時間がかかることが多い。また、米国の裁判の場合、ディスカバリー手続があり、それに伴って、当方に不利な手元資料が相手方に渡ってしまうリスクがあるうえ、弁護士費用が膨大になる可能性もある。また、陪審制もあるため、専門的な事案の解決や秘密保持の観点から、好ましくない場合も考えられる。さらに、裁判の場合には、基本的には現地語が公用語となるため、特に英語圏以外の場所で裁判が行われる場合には、手続自体の理解に困難が伴うことも考えられる。

これに対し、仲裁は、仲裁人の判断を争うことが基本的に想定されておらず、不服申立てができないことがデメリットになる側面もあるものの、その分、迅速な解決が可能である。当事者の合意により、ディスカバリーの範囲も比較的柔軟に限定することが可能である。また、仲裁人として当事者が選任した専門家により判断がなされ、陪審制もなく、手続も公開されない点で

43 たとえば、日本の裁判手続において、オンラインによる審議はあくまでも「協議」ないし書面による準備手続（民事訴訟法175条）と位置づけられており、現行の民事訴訟法上では、判決を得るためには、当事者が出頭のうえ口頭弁論を開くことが必要と解される（同法158条参照）。また、基本的に、当事者は代理人事務所からオンライン期日に参加することとされており、海外からオンラインで参加できるわけではない。

メリットを有する。何より、ニューヨーク条約[44]により仲裁判断の執行が容易である。裁判の場合には、判決を執行するためには、執行の対象となる財産が存在する地の裁判所で別途外国判決の承認手続を経たうえで（民事訴訟法118条参照）執行しなければならないので、その分時間も手間もかかる。また、外国判決の承認は、当該外国との相互保証の有無にかかわるが（同条4号）、相互保証の有無や承認の是非の判断は条約からは明らかではなく、不確実である[45]。近時、カリフォルニア州で下された欠席裁判の判決について、判決書の送付がなされなかったことを理由に民事訴訟法118条3号にいう「公の秩序に反するもの」として、同判決の承認執行を認めなかった最高裁判決[46]および下級審判決[47]がある。

そのため、国際取引においては、救済を求める側にとって仲裁による紛争解決のほうが好ましい場合が多い。なお、中国について、ニューヨーク条約に加盟しているため仲裁を選択してもよいが、裁判を選択した場合には、日中間の相互保証が否定される可能性もあるため、債権回収の観点から、中国

44「外国仲裁判断の承認及び執行に関する条約」（Convention on the Recognition and Enforcement of Foreign Arbitral Awards）（1958年）。
　2015年11月現在156か国が加入しているとされている。ニューヨーク条約の締約国になれない台湾においても、ニューヨーク条約に対応する国内法があり、執行が可能となっている。

45 外国判決の承認の要件が日本のそれと重要な点で異ならず、実質的に同等であれば「相互保証」があるとされている（最判昭和58年6月7日民集37巻5号611頁）。裁判例において、日本との相互保証が認められた国としては、米国のカリフォルニア州、ハワイ州、香港、スイスのチューリヒ州、オーストラリアのクイーンズランド州、ドイツなどがある（大塚・前掲書（注32）151頁）。これに対して、たとえば、中国においては、わが国の裁判所の判決が重要な点で効力を有するものとまでは認めることはできないとして、相互保証を否定した裁判例がある（大阪高判平成15年4月9日判時1841号111頁）。

46 最判平成31年1月18日民集73巻1号1頁。

47 東京地判令和3年3月9日（平成29年（ワ）第39524号）判例集未登載。なお、かかる判決については、カリフォルニア州民事訴訟法が裁判の欠席当事者に対し裁判上の文書が送付されないことが、手続上の懈怠に対する制裁として許容されており、本件では、欠席当事者に対して欠席のリスクについても注意喚起されているのであるから、欠席当事者に対して防御の機会は実質的に与えられていたと解され、民事訴訟法118条3号の要件を満たすと解すべきではないかとの批判もある（横溝大「カリフォルニア州判決が手続的公序に反するとして執行が拒絶された事例」ジュリスト1567号（2022年）135頁）。

企業の本店所在地や工場等が存在する地の人民法院を第一審の専属管轄として、外国判決の承認手続を経ずに執行できるようにしておくことも考えられる。執行可能性等を見据えて契約書作成時に紛争解決手段を吟味する必要がある。

イ　その他の紛争解決手段

(i)　調　停

調停とは、当事者間で指名した調停人などの第三者が介入して、紛争解決のための働きかけを行い、当事者双方で合意（和解契約）をすることにより、紛争解決を図る手段である。

裁判以外の方法である点で、仲裁と共通するが、当事者間で合意をしなければ調停は成立せず、紛争解決にならない点で、仲裁人の判断により紛争解決を図る仲裁とは異なる。調停は、一般に迅速で柔軟かつ低コストである点でメリットを有するが、当事者間で合意できないと調停は成立しないため、紛争が解決しないリスクがある。また、調停は、仲裁人の判断ではなく、当事者間の合意にすぎないため、ニューヨーク条約による承認・執行はできないと解されている[48]。

そこで、調停による合意にも執行力を付与する必要があるとして、2018年12月20日、国連総会において、「調停による国際的な和解合意に関する国際連合条約」（シンガポール条約）[49]が採択された。同条約は、商事紛争に関する調停により成立した当事者間の国際的な和解合意について、一定の要件を満たす場合に執行力を付与するものであり、2020年9月12日に発効した。現在のところ、53か国が署名し、6か国が締約しているが、日本はまだ批准していない[50]。

---

48 大塚・前掲書（注32）188頁

49 United Nations Convention on International Settlement Agreements Resulting from Mediation　(Singapore Convention on Mediation, 2018)

50 法務省「仲裁法等の改正に関する中間試案」(2021年3月5日)〈https://www.moj.go.jp/content/001344407.pdf〉。

(ii)　仲裁と調停の組合せ

近時、仲裁と調停のメリットとデメリットを相互に補完すべく、両者を組み合わせた手続が活用されている。

その組合せを大別すると、① Med-Arb、② Arb-Med-Arb がある。①は、当事者がまず調停（Mediation，Med）による紛争解決を試み、調停によって和解合意が成立しない場合には、仲裁（Arbitration，Arb）を開始する手続である。②は、当事者が仲裁の申立て直後や仲裁手続の進行中に、紛争を調停機関やアドホック調停[51]に移行させ、調停を試みるものである。そして、和解合意が成立すれば、仲裁手続に戻して、当事者の合意を仲裁判断（consent award）とし[52]、ニューヨーク条約による承認・執行を可能にさせる。他方、和解合意が成立しなければ、そのまま仲裁手続において、仲裁人の判断を得る[53]。

なお、日本では、以上のような流れを受けて、法制審議会より、2022 年 2 月 4 日付け「調停による和解合意に執行力を付与し得る制度の創設等に関する要綱案」において、一定の調停による和解合意に対し、執行力を付与するための改正案が示されている。要綱案においては、調停による和解合意について、裁判所の決定手続により執行力を付与する規律が想定されている。ただし、対象となる和解合意を、国際調停に限定すること、一定の紛争類型（たとえば、消費者紛争や労働紛争等、当事者間の潜在的な力の不均衡が想定される紛争類型や家事紛争等）を除外すること、裁判上の和解等既存の枠組みで執行力が付与される和解合意を除外すること等が検討されている[54]。

---

51 アドホック調停とは、調停機関を用いず、当事者が定めたルールに従い行う調停手続をいう（下記(2)ア(iii)参照）。

52 たとえばICC 規則 33 条

53 髙取芳宏「知っておきたい国際仲裁～海外ビジネストラブルへの身近な備え～第３回国際仲裁と国際調停の連携～“Arb.-Med.-Arb.”の活用について」NBL1193 号（2021 年）54 頁。

54 法務省「調停による和解合意に執行力を付与し得る制度の創設等に関する要綱案」（2022 年２月４日）〈https://www.moj.go.jp/content/001366234.pdf〉。

(iii)　知財調停

日本では、知的財産紛争において、簡易、迅速、非公開かつ友好的な手続により解決を図りたいとのニーズを受けて、2018年10月1日より、知財調停の運用が開始された[55]。これは、民事一般調停の枠組みの中で、知的財産に関する紛争の解決を図ろうとするものである。

もっとも、現行法上、民事一般調停の管轄は、当事者の管轄合意がある場合を除き、相手方の住所地等を管轄する簡易裁判所にしか認められていない（民事調停法3条）。そこで、先述した2022年2月4日付け「調停による和解合意に執行力を付与し得る制度の創設等に関する要綱案」においては、知財調停の運用モデルを拡充するため、知的財産に関し専門部を有する東京地方裁判所および大阪地方裁判所に競合管轄を認める改正案が示されている。

(2)　紛争解決手段が仲裁の場合

紛争解決手段として仲裁を選択する場合、契約にいかなる事項を定めておくべきか。以下、日本の仲裁法を前提とした場合に記載すべき事項を説明しておく。なお、以下に述べる考え方は基本的には他国で行う仲裁にもあてはまると解される。

ア　絶対的記載事項

(i)　仲裁合意

仲裁で紛争を解決するためには、紛争を仲裁で解決する旨の当事者の合意（仲裁合意）が必要である（仲裁法2条1項）。また、仲裁合意があれば、それに反して訴訟を提起された際に、裁判所は被告の申立てにより訴えを却下しなければならないから（同法14条）、妨訴の抗弁となる[56]。したがって、仲裁

55 令和2年10月末までに15件の申立てがあり、そのうち11件が終局（うち7件において調停成立）している（商事法務編『仲裁法等の改正に関する中間試案（別冊NBL176号）』（商事法務、2021年）9頁）。

56 Mitsubishi Motors Corp. v. Soler Chrysler-Plymouth, Inc. 473 U.S. 614 (1985)は、反トラスト法違反による訴えであっても、両社間の取引について仲裁合意がある以上、仲裁により解決されるべきであるとした。

による解決を望んでいる場合には、契約書には、仲裁合意を明記しておくことが不可欠である[57]。

なお、仲裁合意の意思表示に瑕疵がある場合に、どの国の法律を適用すべきかについては争いがある。これについては、仲裁合意も実体法上の契約であり、主契約の一部であると考えられるとして、主契約の準拠法を適用すべきと考える説もあるが、仲裁合意は、訴訟法上の合意であることから、仲裁地とされている地の属する国の法律（仲裁地法）と考える説もあり、最高裁判所は、後者の立場をとっている（最判平成９年９月４日民集51巻８号3657頁〔リングリングサーカス事件〕）。

(ii)　仲裁地

仲裁地（seat of arbitration ／ place of arbitration）とは、仲裁の法律上の本拠地を意味し、どの国の仲裁に係る法制度が適用されるかを決める概念である。これは、仲裁の審問が地理的にどこで行われるかを定める審問手続地（venue of arbitration）とは別の概念である。たとえば、仲裁地を東京と定めれば、当該仲裁には、東京が所在する日本国の仲裁法に関する法制度（仲裁法を含む）の下で仲裁手続が行われることになる[58]。仲裁廷は、仲裁地以外の場所で手続を行うことが可能とされており、当事者が特に指定しなければ、世界中のどこでも、適当と考えられる場所で手続を行うことができる（仲裁法28条３項）[59]。

したがって、仲裁を行うにあたっては、仲裁にどの国の仲裁に係る法制度が適用されるかを明確にする必要があるため、契約書には、仲裁地の定めを

57 なお、改正により要件を緩和することが検討されているが（商事法務・前掲書（注56）21頁、法務省「仲裁法の改正に関する要綱案」（2021年10月８日））、仲裁合意は書面によりなされることを要するものとされている（仲裁法13条２項）。

58 宮武雅子「知っておきたい国際仲裁～海外ビジネストラブルへの身近な備え～第６回仲裁地の意味」NBL1196号（2021年）70頁

59 仲裁規則の例としては、国際商業会議所（International Chamber of Commerce, ICC）のICC Arbitration Rules 2021 Article 18

設けておくことが重要である[60]。

どこを仲裁地として選ぶかについては、準拠法と同様、①自国、②第三国、③相手方国があり得るが、①自国が選択できないのであれば、可能であれば、②第三国となるよう交渉すべきであろう。②第三国として、どこを選択するかの判断にあたっては、当該国が公平で仲裁について経験豊富であるか、当該国の法律がコモンロー（判例法）をベースとしているか（米国、英国、カナダ、オーストラリア、インド等）、シビルロー（制定法）をベースとしているか（日本、ドイツ、フランス、韓国、中国等）、また、当該国がニューヨーク条約に加盟しているか等が重要な考慮要素となろう。たとえば、日本法を準拠法とする契約においては、日本法と同じく、シビルロー（制定法）を採用している国の法律のほうがコモンロー（判例法）を採用している国の法律よりも、契約の解釈や仲裁手続について、親和性がある可能性が高い[61]。したがって、一般論としては、日本法を準拠法とする契約においては、シビルロー（制定法）を採用している国を仲裁地として選択するほうが無難であろう。

各国の仲裁法は、UNCITRALのモデル法をもとに均一化しつつあるが、仲裁地の選定にあたっては、いまだ仲裁判断を信頼せず、仲裁判断を無効とする裁判所が存在することにも注意すべきである[62]。たとえば、インドにお

60 契約書に仲裁地の定めがない場合、仲裁機関と仲裁規則の定めがあれば、多くの場合、仲裁規則において、仲裁地の選択に関する定めがあるので、仲裁地を決定することは可能である。たとえば、ICCの場合には、仲裁機関が仲裁地を決定できる（ICC規則18条）。JCAAの場合には、申立書が提出されたJCAA事務所の所在地が仲裁地となる（JCAA規則36条）。UNCITRAL規則においては、仲裁廷が仲裁地を決定できるとされている（2010・2013年UNCITRAL規則18条）。

61 たとえば、コモンローにおいては契約には約因が必要であり、一方のみが義務を有する日本でいう念書などにはなじみがないといわれる。

62 クウェートにおいては、2018年2月13日クウェート最高裁判所により、国際仲裁について定めた仲裁条項がようやく有効であると判断された（日本貿易振興機構（ジェトロ）ドバイ事務所ビジネス展開支援部ビジネス展開支援課「クウェート最高裁判所が販売契約の仲裁条項を支持した画期的な事案（2018年10月）」〈https://www.jetro.go.jp/ext_images/world/middle_east/business/pdf/business_dubai201810.pdf〉）が、特に中東・アフリカにおいては仲裁判断が裁判所の判断により覆されるリスクがある。

いては、仲裁地がインド国内外にあるか否かを問わず、裁判所が仲裁判断を取り消すことが可能とされていた[63]。現在では、2012年９月６日に出された最高裁判例により、同日以降の合意によりインド国外を仲裁地とする仲裁判断については、インドの裁判所は、当該仲裁判断が公序良俗に反しない限り、取り消すことはできないと解されている[64]。したがって、インドにおいて執行の可能性のある契約においては、インド以外の国を仲裁地として定めておくことが望ましい。

なお、日本においては、日本における仲裁の取扱件数がいまだ低調に推移していることから、2017年９月、日本における仲裁を活性化させるために内閣官房を議長とし、法務省および経済産業省を事務局とする「国際仲裁の活性化に向けた関係府省連絡会議」が組織され、国際仲裁を活性化させるためのさまざまな取組みの検討・推進が行われている[65]。

ⅲ　仲裁機関と仲裁規則

仲裁で紛争を解決するからには、どのような仲裁機関により仲裁が行われるべきか、あらかじめ契約書に定めておくべきである。

仲裁には、一般に、機関仲裁とアドホック仲裁とがある。機関仲裁は、仲裁機関が定めた仲裁規則に則って行う仲裁で、アドホック仲裁は、仲裁機関を用いず、当事者により定めたルールに従い行う仲裁である。機関仲裁の場合には、仲裁機関が定めた仲裁規則により仲裁人の報酬が発生するため、この支払い等を避けるために、アドホック仲裁が用いられることがある。アドホック仲裁においては、当事者において詳細に手続や進行管理について合意する場合もあるが、当事者の合意により、UNCITRALが定めた仲裁規則に従うことも多い。しかし、実際には、仲裁人の報酬の決定や進行管理等に関して、手続に行き詰まることが多く、紛争解決がスムーズに進まないことも

---

63 Bhatia International v Bulk Trading S.A. (2002)

64 Bharat Aluminium Co. v Kaiser Aluminium Technical Services, Inc. (2012)

65 法務省「国際仲裁の活性化に向けた取組について」〈https://www.moj.go.jp/kokusai/kokusai03_00003.html〉。

ある[66]。これに対して、機関仲裁の場合には、当該機関所定の規則に基づき、円滑な手続が実現でき、当事者も安心して手続が進められるなどのメリットがあるため、実際には、機関仲裁が圧倒的に多く利用されている。

仲裁機関としては、シンガポール国際仲裁センター（SIAC）、日本商事仲裁協会（JCAA）、アメリカ仲裁協会（AAA）、国際商業会議所の国際仲裁裁判所（ICC）、香港国際仲裁センター（HKIAC）、ロンドン国際仲裁裁判所（LCIA）等が有名である[67]。

どの仲裁機関を選定するかにあたっては、当該仲裁機関が定めた規則が、コモンロー（判例法）をベースとしているか、シビルロー（制定法）をベースとしているかも判断要素となる。利用されることの多い、上記にあげた仲裁機関は、日本商事仲裁協会（JCAA）を除き、いずれもコモンロー型の仲裁規則を採用している。そのため、これらの仲裁機関においては、徹底した当事者主義に基づく仲裁が行われる傾向にある。たとえば、（米国における裁判より限定的であることが多いものの）証拠開示手続（ディスカバリー）があり、期日当日には各当事者によりオープニング・ステートメントが行われ、各証人について主尋問と反対尋問が行われる。仲裁人はあくまで受動的であり、当事者主導で審理が行われる傾向にある。これらは、コモンロー型の裁判手続に倣っている。

これに対して、シビルロー型の仲裁規則の下では、当事者主義（弁論主義）が採用されているものの、あくまでも仲裁人が主体となって手続が管理される。シビルロー型の仲裁においては、仲裁人が手続の進行にあたり当事者に対して釈明を行い、証人に対して質問を行うことが一般的である。

---

66 道垣内正人「知っておきたい国際仲裁～海外ビジネストラブルへの身近な備え～第８回仲裁機関」NBL1198号（2021年）72頁。

67 一般社団法人日本国際紛争解決センター「日本における国際仲裁の活性化に向けた施策に関する調査研究（2019年３月１日）」〈https://www.moj.go.jp/content/001292073.pdf〉によれば、日本企業において経験したことのある仲裁機関は上記に記載した順で多かった。

これまで、コモンロー型の仲裁機関のほうが用いられることが多かった。しかし、コモンロー型の仲裁においては、仲裁人が受け身であり、当事者にはどの点が重要な争点になっているかわからないため、当事者としては証拠開示手続を行い、考え得るすべての論点に主張・立証を尽くさなければならない傾向がある。そのため、コモンロー型の仲裁には、手続が長期化し、代理人および仲裁人の費用も高額化するデメリットがあると指摘されている[68]。

そこで、これらのコモンロー型の仲裁の問題点を解消するため、シビルロー型仲裁機関において、あえてコモンロー型仲裁とは対極的に、当事者と仲裁人との間の対話を重視するインタラクティブ型の仲裁規則が制定されている[69]。かかる規則においては、仲裁人が重要と考える論点および暫定的な心証を当事者に開示することが定められている[70]。これによって、当事者はそれを踏まえた攻撃防御方法をとったり、和解交渉に入ることができるようになり、手続の効率化・予測可能性が図られ、迅速で安価な紛争解決につながると期待されている。

なお、中国仲裁法16条は、仲裁合意の有効要件として、書面により、①仲裁により紛争解決する旨の意図の表明、②仲裁対象事項の合意、③仲裁機関の合意の３つが必要と定めているため、契約に中国での仲裁による紛争解決を定めていても、上記仲裁機関の合意がない場合には、中国での仲裁が行えないことがあるため、注意を要する。

イ　有益的記載事項

(i)　裁判所に対する保全申立て

---

68 道垣内正人「コモンロー型仲裁へのアンチ・テーゼとしての大陸法型仲裁」早稲田法学95巻３号（2020年）126頁。

69 たとえば、日本商事仲裁協会（JCAA）の「インタラクティブ仲裁規則」（2019年１月より施行）、ドイツ仲裁協会の仲裁規則（2018年施行）。

70 JCAAインタラクティブ仲裁規則48条・56条、ドイツ仲裁協会2018年仲裁規則26条・27条・28条・付属書３、国際仲裁手続の効率的な進行についての規則（通称「プラハ規則」）２条。

日本の仲裁法においては、仲裁合意があっても当事者が裁判所に対して保全処分の申立てを行い、裁判所がそれに応じて保全処分を命じることは妨げられないとされている（仲裁法15条）。そのため、日本を仲裁地とする場合には、契約書に特に明記する必要はないが、国によっては仲裁合意がある場合には、当事者の合意がなければ、裁判所に対して保全処分を申し立てることが認められていないとされている場合がある。そこで、裁判所に対して保全処分を申し立てる可能性がある事案においては、契約書にその旨明記しておくことが無難である[71]。

(ii)　仲裁人の人数

仲裁人の人数は、多くの場合１人または３人とされるが、どちらについてもメリット・デメリットがある。

仲裁人が１人の場合には、審理が迅速で、費用も３人の場合と比べて高額にならない点でメリットがあるが、相手方に有利な仲裁人が選任された場合には、判断の公平性が保たれない可能性があるというデメリットがある。仲裁判断は、不服申立てが認められていないため、１人の仲裁人により合理的な内容の仲裁がなされなかった場合のリスクは大きい。

仲裁人が３人の場合には、仲裁人の１人に日本法的発想や日本法に詳しい専門家（弁護士・元裁判官・学者等）を選任しておくことで、判断の公平性が担保できるメリットがある。

かかるメリット・デメリットに照らすと、紛争になった後に当事者で仲裁人の人数に関し、合意を形成することが困難になることも考えられるため、あらかじめ契約段階で、仲裁人の人数について合意しておくことが有益である。なお、合意が形成できなかった場合に仲裁人の人数をどのように定めるかは、仲裁規則により異なる[72]。

71　谷口安平＝鈴木五十三編『国際商事仲裁の法と実務』（丸善雄松堂、2016年）126頁。

72　UNCITRAL仲裁規則においては、当事者の合意がない場合には仲裁人は３人とされる（UNCITRAL仲裁規則８条）が、ICC規則においては、仲裁裁判所が３人が妥当と判断した場合を除き、１人とされる（ICC規則12条）。

(3)　条項例

仲裁の条項例としては、以下のようなものがある。各仲裁機関がモデル条項を提示しているので、それを前提としつつ、個別事案において適宜修正し、条項を作成することが望ましい。

【記載例】 ICC のモデル条項

All disputes arising out of or in connection with the present contract shall be finally settled under the Rules of Arbitration of the International Chamber of Commerce by one or more arbitrators appointed in accordance with the said Rules.
日本語訳：本契約から生じ、関連するすべての紛争はICC の仲裁規則に従い、同規則に従って選任される１人または複数の仲裁人により最終的に解決されるものとする。

【記載例】 JCAA のモデル条項

All disputes, controversies or differences arising out of or in connection with this contract shall be finally settled by arbitration in accordance with the Commercial Arbitration Rules of The Japan Commercial Arbitration Association. The place of the arbitration shall be Tokyo, Japan.
日本語訳：この契約からまたはこの契約に関連して生ずることがあるすべての紛争、論争または意見の相違は、一般社団法人日本商事仲裁協会の商事仲裁規則に従って仲裁により最終的に解決されるものとする。仲裁地は東京（日本）とする。

(4)　裁判の場合

紛争解決手段として、裁判を選択する場合、以下の点を考慮して第一審の専属的合意管轄裁判所を定める。

どこを専属的合意管轄裁判所として選ぶかについては、仲裁地を選択する際と同様、①自国、②第三国、③相手方国があり得るが、一般論としては、

①自国が選択できないのであれば、②第三国となるよう交渉すべきであろう。ただし、上記(1)アで述べたとおり、相手方国に相手方の執行可能な資産があり、かつ、相手方国との間で相互保証が認められない可能性がある場合等、③相手方国を専属的合意管轄裁判所として選択すべき場合もあり得る。②第三国を選択する場合、第三国として、どこを選択するかの判断にあたっては、公正な裁判を行う裁判所であるか、当該国の法律がコモンロー（判例法）をベースとしているか、シビルロー（制定法）をベースとしているかのほか、判決までの時間がどの程度かかるか等が重要な考慮要素となろう。たとえば、インドの裁判所においては、審尋期日の予定が立たないなどの事情により、判決まで数年かかることもあるようである。

Ⅳ　契約以外の予防法務

1　リスク・ベースト・アプローチ

第１編で述べたとおり、国際取引においては、国内取引とは異なる数多くのリスクが伴うため、特に新たに取引関係に入る相手方と契約を締結する場合、可能であれば、現地調査を行い、さらには、専門家によるデュー・ディリジェンスや調査会社による調査を依頼することが望ましい。

しかし、すべての取引先についてそのような調査を行うには、膨大な費用と時間がかかる可能性がある。信頼のおける企業であれば、そこまで費用と時間をかけて調査する必要もない。

そこで、想定されるリスクに応じて対処を講じることが考えられる。たとえば、政治情勢、規制や言語も検討したうえで、リスクの高い国の相手方に関しては、より慎重に与信審査を経て、取引相手を選定したり、複数の代替できる仕入先や在庫を確保したりすることが考えられる。

2　取引相手の確認フロー

新規の取引先候補が取引相手として適切かどうかに関する具体的な確認フローとしては、以下のような方法が考えられる。

①　まず、当該取引先候補がどの国の法人であるかを確認し、その国の腐敗指数（CPI 指数）を判断する。腐敗指数は、Transparency International という団体により毎年公表されている[73]。そのうえで、CPI 指数、取引内容、取引額等によってどこまで費用と時間をかけた調査を行うかを判断する。

②　CPI 指数の高い国に所在している場合には、一般的に、それほど多くの費用と時間をかける必要はない。そこで、手軽にできる以下のようなサイトに掲載されている「ブラックリスト」の確認を行う。

・米国財務省外国資産管理（OFAC）による制裁リスト（SDN リスト）[74]

・米国財務省の制裁リスト[75]

・米国商務省の制裁リスト（Entity List）[76]

・英国政府の制裁リスト[77]

・日本財務省の制裁リスト（MOFAリスト）[78]

③　次に、現地語と英語で「会社名」&「賄賂」or「腐敗」等のキーワードを入れて Google 等の主要検索サイトで検索を行い、当該取引先候補に関連する悪いニュースや記載がないかを確認する。

④　上記①で CPI 指数が高かった場合で、上記②③で該当があった場合には、取引を断念するか、専門的な調査会社に依頼して現地調査（聞き込み調査含む）を実施する[79]。

⑤　上記④の調査で問題が発覚しなかった場合、取引先候補に腐敗防止規

73 https://www.transparency.org/en/cpi/2020/index/nzl

74 https://sanctionssearch.ofac.treas.gov/

75 https://www.treasury.gov/resource-center/sanctions/SDN-List/Pages/consolidated.aspx

76 https://www.trade.gov/consolidated-screening-list

77 https://www.gov.uk/government/publications/financial-sanctions-consolidated-list-of-targets/consolidated-list-of-targets

78 https://www.mof.go.jp/policy/international_policy/gaitame_kawase/gaitame/economic_sanctions/list.html

79 なお、銀行や投資先の要望で調査会社の意見書が必要になることもある。

程などが設けられているか等のコンプライアンス体制の有無・内容を直接確認し、必要に応じて、規程の提示や法令遵守のための誓約書を提出させる。

なお、2022年2月のロシアによるウクライナに対する軍事侵攻に起因する日本政府を始めとする世界各国の特定のロシア企業等に対する経済制裁のように、制裁リストは適宜アップデートされていくものである。継続的な取引を行う場合には、取引の途中から相手方が制裁の対象となりうるので、適宜確認を行うことが必要である。また、国際取引に係る与信審査については、いわゆる「ダンレポ」とよばれる調査報告書[80]が国内取引における帝国データバンクの調査報告書に相当するものとして用いられることが多い。

3　ジェトロによる海外ミニ調査[81]

比較的簡易にできる海外調査としては、独立行政法人日本貿易振興機構（ジェトロ）による海外ミニ調査があげられる。これは、ジェトロの海外事務所において下記のような調査を実施するもので、海外取引の足がかりとなる情報を得るのに適している。

① 企業リストアップ（輸出入や代理店、製造委託等のパートナー候補となりうる現地企業のリストアップ）
② 店頭小売価格調査（指定された商品について、現地のスーパーマーケット等の量販店や有力なネットストア、ネットショップでの販売価格調査）
③ 現地法令調査（法律や政令等の原文検索）
④ 統計検索（公的機関等が公表している輸出入や生産統計などの検索）

---

80 東京商工リサーチ「ダンレポート（与信管理に最適な企業調査レポート）」〈https://www.tsr-net.co.jp/service/product/dnb_report/dun_report/〉。
81 日本貿易振興機構（ジェトロ）「海外ミニ調査サービス」〈https://www.jetro.go.jp/services/quick_info.html〉。

第3章 取引先以外の外国企業等とのトラブル

Ⅰ 海外企業による模倣品・海賊版のトラブル

知的財産権は、国別に権利が成立することから、海外における模倣品・海賊版に対しては、当該国において権利を取得しているか確認のうえ、被疑侵害品への対策を決定することになる。

事後的な対応では限界があるため、模倣を困難にする方法や各国での権利取得等の予防策を講じておくべきである[82]。中国においては特に、模倣品業者が出願・登録をするおそれがあることから速やかに権利取得を行うことが有効である。また、中国でも、著作物が完成した時点で登録手続等を要せず自動的に著作権が発生するが、海賊版について①著作権侵害を根拠に行政の摘発等を利用する場合、当局からは著作権登録書を求められたり、②民事裁判等で著作権侵害を主張する場合、著作権登録書を証拠提出することで、著作権を有していることの立証が容易になるため、重要な著作権については、事前に権利登録しておくことが望ましい。

また、一般消費者や小売店に対して模倣品・海賊版についての注意喚起を促すことが考えられる。これにより消費者や小売店に真正品との違いを意識させることで被害防止につながると思われる。模倣品や模倣品業者を特定し

---

82 特許庁による「2020年度模倣被害実態調査報告書」によれば、模倣被害対策の実施状況について、2019年度において日本の産業財産権を保有する法人のうち、模倣被害対策を実施している法人数は3万9196社であり、インターネット上での模倣被害対策を実施している法人数は1万762社であるのに対し、被害対策をしていない法人数は16万9646社に上り、いまだに多くの企業が十分な対策をしていない。

て記載する場合には、相手の信用毀損につながらないように、十分な検討を行い、当該模倣品の販売行為を中止できるか判断できるような明確かつ客観的な記載が必要となる点に留意するべきである。この点に関し、中国最高人民法院は、自社の権利侵害を行っている会社の取引先に対して警告状を送付した事案において、取引先は侵害に関する判断能力や情報に乏しく、リスク回避行動を選びやすいことを理由に、警告状の内容は、詳細かつ充実していて、権利の属する範囲や被疑侵害に関する情報等を含み、取引先が自ら警告を受けた行為を中止するか否か判断できるレベルまで、明確かつ客観的なものでなければ不正競争行為に認定される可能性があるとの判断をした[83]。

Ⅱ　海外の企業や個人による商標権の冒認（横取り）

商標は世界的に属地主義が採用されていて、外国で自社の商標を保護するためには、当該外国において商標登録をする必要があるため、日本で著名な商標であっても、そのことだけで第三者による外国での商標登録を防ぐことはできない。また、自社の商標が日本で登録済みであっても、登録していない外国で使用すると、当該外国の第三者の商標権を侵害する可能性がある。さらに、インターネットが普及した今日においては、国外の第三者が冒認出願するための情報（新商品に関する情報等）を収集しやすくなっている。

また、すでに商標を海外で出願している場合であっても、出願の際の商品区分とは別の商品区分で第三者が出願をしている場合があり、この場合に将来自社が新たな商品区分でビジネスを展開する際に当該第三者の商標が妨げになる可能性がある。さらに、日本の商標実務においては指定商品として類似の関係にあるものでも、外国では類似の関係にないとされる場合もあるため、自社では保護されると認識していても実際には当該外国では保護の対象

83 毛立群「中国における警告書の送付と不正競争行為の関係について」パテント70巻1号（2017年）68頁。

外になる可能性がある。

冒認出願をされた場合、当該商標を取り戻したり、取り消すためには、現地の商標代理人や弁護士等の専門家を選定したうえで、膨大な証拠や関係書類を準備する必要があり、紛争対応のための長期にわたる労力・時間・費用が必要になる。しかも、訴訟の結果、敗訴する事例も見受けられる。

このようなリスクを回避するためにも、海外で自社ブランドを用いたビジネスを開始することを計画した場合は、速やかに商標出願を行うことを検討すべきであろう。なお、出願に際しては、自社名またはブランド名、ブランドマークや図形について他社の商標権または意匠権等の知的財産権を侵害していないかを確認することが望ましい。中国では、漢字表示のほか、中国語の発音に忠実なピンイン表示、日本語での表示（図形として判断される）等の手法があることにも注意を要する[84]。

例　日本語読み：エルメス
ローマ字表記：HELMES
中国語表記：爱玛士，爱马士
上記中国語表記の発音表示：aimasi

なお、中国では2019年４月に改正された商標法において、同法４条に「使用を目的としていない悪意ある商標登録出願は却下しなければならない」という条項が追加された。この条項により、悪意ある横取り商標に対する登録審査を強化し、抑制することが期待されているものの、日本の商標法における「外国における周知商標と同一・類似であって、不正の目的をもって使用する」商標を拒絶理由とする条項は制定されるに至っておらず、法律面でも

84 中国では、意匠権と実用新案権は無審査なので登録数が圧倒的に多い。これは中国政府が、外国企業への対抗手段として、国内企業に出願・登録を進めてきたという経緯もある。

救済に限界がある。

ひとたび外国における横取り商標問題が発生した場合には、①横取り商標の無効化を図るべく手続をとる、②自社の事業の名称変更を行うこと等が考えられる。もっとも、これらの事後的な救済では限界があるので、やはり、このような冒認商標に対抗するためには、何よりも海外で先に自社の商標登録をしておくこと、早期に冒認商標を探し出すということが重要である。後者につき、出願商標を定期的にウォッチし、権利者の登録商標と同一または類似の商標を洗い出す作業を継続して行うことが有効である。

Ⅲ　パテント・トロールとのトラブル

パテント・トロールは、発明者個人や中小企業等の特許権者から直接特許権を取得することもあれば、倒産した企業の競売にかけられた特許や大企業から不要になった休眠特許を安く買い取るなどして安価に特許を多数入手する。経験豊富なパテント・トロールは、やみくもに攻撃を仕掛けるのではなく、警告状を送付する前に、送付先企業について入念に侵害分析を行い、訴訟を辞さない覚悟で攻めてくる場合がある。さらに、米国の場合、テキサス州東部地区やバージニア州東部地区等の、原告に有利な裁判所を選択してくることがある。また、両当事者が事業会社である場合には、一方による特許権侵害の主張に対し、相手方の権利侵害を検討・主張し、クロスライセンスなどの戦略もとりうるが、パテント・トロール自体は事業を行っていないため、攻撃された主体はこのような手法も奏功しない。

パテント・トロールに対する予防策については、多種多様なパテント・トロールが存在するため、画一的な予防策があるわけではないが、以下の点に留意しつつ、事案に応じて柔軟な対応をとることが考えられる[85]。

①　パテント・トロールからみて魅力のない標的となる。

85 岸本芳也『知財戦略としての米国特許訴訟』（日本経済新聞社、2016年）316頁。

② パテント・トロールは和解を望んでいる。

③ パテント・トロールの要求は、次第に減少する。

④ パテント・トロールには、他の標的がいる。

⑤ 他社に対するパテント・トロールの要求額は、自社に対するものよりも大きいかもしれない。

⑥ パテント・トロールからの攻撃にもちこたえることが、自社に対する将来の価値（評価）につながる。

しかし、パテント・トロールによっては、相手方が毅然とした対応をとり、交渉の余地をみせない等の状況が続けば、対象となる特許権をさらに別のパテント・トロールに転売し、新たな取得先からも同様に紛争の標的にされるケースもある。このようなリスクがあることにも留意しつつ、個別の対応については、パテント・トロールとの紛争解決に慣れている現地の弁護士に相談することが望ましい。

Ⅳ　職務発明に関するトラブル

1　中国における職務発明に関するトラブル

日本企業が中国において研究開発を行うと、現地法人において職務発明が生じる可能性があり、第１編第３章Ⅳで述べたとおり、中国現地法人が職務発明の報奨金を求める従業員から訴訟を提起されたり、また、現地採用の研究者が、研究開発の成果である職務発明を現地法人に無断で自己の名義で特許出願してしまうことがある。

中国の現地法人等において研究開発等を行い、職務発明が生じうる場合には、このような事態に備えて、中国の職務発明に関する規定･運用を把握し、職務発明に関する適切な社内体制を構築することが望ましい[86]。中国専利法（特許法）[87]における「職務発明創造（すなわち職務発明）」とは、①所属単位（すなわち事業体）の任務を遂行し、または、②主に所属単位の物質・技術条件（すなわち事業体の資金、設備、部品、原材料または外部に公開していない技術資料等）を利用して完成した発明をいう。

職務発明に係る特許を受ける権利を原始的に使用者が取得できる日本法とは異なる。もっとも、この職務発明について、所属団体と発明者が契約を締結し、その中で特許を受ける権利および特許権の帰属について定めている場合には当該契約の内容が優先する。この職務発明者に対しては、一定の場合、奨励と報酬を与えることが求められているが、国有企業・国有事業団体以外の団体においては付与すべき奨励と報償の内容について明確に定まっておらず、通常は、高給、ボーナス、ストックオプションの方法で与えられているといわれている[88]。

---

86 職務発明に関するトラブルは往々にして自社の秘密情報を従業員や退職者、共同開発・業務提携の相手方が事実上目的外利用できる状態にあることに起因する側面もある。そのため、自社および関係先企業の秘密管理体制についても適切な内容が備わっているか、確認し、必要に応じて対策をとることが望まれる。

87 日本貿易振興機構（ジェトロ）北京事務所知財部によれば、中華人民共和国専利法2021年6月1日改正の6条は以下のとおりである（「中華人民共和国専利法（改正）2021年6月1日施行」〈https://www.jetro.go.jp/ext_images/world/asia/cn/ip/law/pdf/regulation/20210601_jp.pdf〉）。「所属単位の任務を遂行して、又は主に所属単位の物質・技術条件を利用して完成した発明創造は職務発明創造とする。職務発明創造の専利出願権は当該単位に帰属し、出願が認可された場合は当該単位が専利権者となる。当該単位は、関連する発明創造の実施と活用を促進するよう、その職務発明創造の専利出願権や専利権を法により処置することができる。非職務発明創造については、専利出願権は発明者又は創作者に帰属し、出願が認可された場合は当該発明者又は創作者を専利権者とする。所属単位の物質・技術条件を利用して完成した発明創造について、所属単位と発明者又は創作者間で契約を締結し、専利出願権及び専利権の帰属に対して約定がある場合は、その定めに従う」。

88 ワシントン大学ロースクール先端知的財産研究センター『国際知的財産紛争処理の法律相談』（青林書院、2006年）566頁。なお、2020年10月17日に採択され、2021年6月1日に施行された中国第4次改正専利法（特許法）では、第15条において、「国は、特許権が付与された会社が、株式・オプション・配当等の方法で、発明者にイノベーションによる収益を合理的に享受させることを推奨する」旨が加えられており、奨励方法が拡充されている。

以上が中国における職務発明の制度の概要であるが、頻繁に生じるトラブルごとの予防策について説明する。まず、中国現地法人が従業員から職務発明の報酬を求めて訴訟を提起されるケースであるが、特許付与時の奨励金は従業員に支払っている企業が多いものの、自社が当該発明を実施したときや他社へ実施許諾したときにおいて、付与すべき報酬について明確な社内規程が存在せず、従業員との紛争に発展することが多い。この点、中国専利法では登録時に付与する奨励金と登録後の実施に伴う報酬とを明確に区別しており、企業と従業者との間で契約がなければ、専利法実施細則に規定する支払額および支払率が適用される[89]。紛争を予防するためには、権利化前の奨励金のみならず、権利化後の実施報酬（自社の実施のみならず第三者に実施許諾した場合も含む）についても明確に規定した職務発明規程の整備を中国現地法人において行うことが望ましい。なお、中国現地法人で研究開発をしている場合には職務発明が生じる蓋然性が高いので、当然であるが、単に販売代理店の機能を有しているにすぎない場合であっても、現地の顧客向けに自社の発明品の仕様を変更すること等により、新たな職務発明が生じる可能性があるため、職務発明規程の整備の必要性は存在する。

次に、グローバル企業において、本国親会社が中国子会社から特許を受ける権利を譲り受け、本国親会社が中国での特許出願人、特許権者となり、中国子会社に当該特許権のライセンスをする運用を行っている場合がある。この場合、中国子会社における発明者に対する奨励および報酬の支払主体が本国親会社か中国子会社になるか、またその前提として中国法が適用されるかが問題になる。３Ｍ公司の関連投資先である中国３Ｍ公司が、職務発明の対価を求める中国の発明者に提訴されたケースにおいて、上海市高級人民法院は、中国法を適用し、被告中国３Ｍ公司に職務発明報酬 20 万元の支払い

89　河野英仁「中国職務発明に対する実施報酬の支払い～職務発明規程を設けていなかったため実施報酬の支払いが命じられた事例～中国特許判例紹介（102）2020 年 7 月 10 日」〈https://knpt.com/contents/china/2020.07.10.pdf〉。

を命じた上海市第一中級人民法院の判断を支持する判決をした[90]。中国子会社が特許出願を行い、特許権者となった場合は、発明者に対する奨励および報酬の支払主体は中国子会社であるとして、中国にて職務発明規程を明確にしておけば訴訟に至ることなく解決できた可能性がある。また、中国子会社と日本の親会社の共同発明が生じるような場合にも報酬をどの企業が支払うことになるかという点は必要に応じて明確に規程を設けておくべきであろう。

さらに、現地の中国人研究者が、研究開発の成果である職務発明を無断で自己の名義で特許出願してしまい、企業として確保しておきたい発明等に係る権利が従業員名義で特許登録されてしまう場合がある。しかも、中国においては、技術者の退職・転職・独立が頻繁に生じるため、日本企業の中国子会社においてもこのようなケースが起こり得る。このような場合、従業員が退職する前に、中国子会社内の技術情報等の秘密情報にアクセスすることを制限し、また、入社時・退職時・プロジェクト加入時に秘密保持義務や競業避止義務を定めた書面に署名させることで社外に情報が持ち出されることを防ぐことが必要であろう。また、第三者と共同開発を行う場合においても、相手方の従業員が、自社と相手方企業の共同の発明（職務発明）を独立・退職してから出願する可能性はある。そのため、当該相手方企業においても秘密保持義務が適切に履行されることを契約等で保証させること等が考えられる。

2　米国における職務発明に関するトラブル

日本企業が米国において研究開発を行うと、現地法人において職務発明が生じる可能性があり、第1編第3章Ⅳで述べたとおり、現地採用の研究者が、研究開発の成果である職務発明を無断で自己の名義で特許出願してしまうことがある。このような事態が生じた場合に備えて、米国における職務発明に関する規律や実務運用を把握しておくことが望ましい。

---

90 上海市高級人民法院 2015 年 4 月 22 日判決（2014）沪高民三（知）终字 120 号

米国特許法においては、発明者が発明をなした場合、当該発明は発明者個人に帰属する（米国特許法 101 条）が、その他の職務発明に関する規律は各州法によって定められている。大まかな一般原則は以下のとおりである。①従業員が勤務中または企業のリソースを用いて発明を行った場合、特段の契約がない場合、当該発明に関する特許を受ける権利は、従業員に帰属する。②従業員の雇用時またはその後のいずれかの機会において、企業と従業員との間において発明に関する特許を受ける権利を譲渡する契約が締結される場合、当該特許を受ける権利は会社に移転する。③従業員がその能力を活かして、企業で発明することが期待されて雇用されている場合には、従業員の発明に関する特許を受ける権利は企業に移転させることができる。④企業は従業員にさまざまなリソースを提供して発明に貢献しているため、従業員が職務に関連して発明を行った場合に企業に無償の非独占的実施権（いわゆるショップライト）が付与される[91]。

使用者としては、従業員が職務においてなした発明が自社に帰属するように、発明に係る権利を譲渡する明確な文言を含んだ雇用契約書や特許譲渡契約書を締結するべきである。その際に、発明がなされたと同時に法の働きによって、移転のための手続を行うことなく発明に係る権利が自動的に使用者に移転するように「従業員は将来の発明を譲渡する」という趣旨を明確に記載し、「従業員は将来の発明を譲渡するべきである」という表現は避けるべきであろう。また、雇用をすでに開始した「後に」、従業員が従業員の発明を使用者に譲渡することを記した雇用契約に署名する場合には、使用者が従業員へ新たな「対価」を支払った場合に効力が生ずると解釈されることが多い。したがって、従業員が使用者の下で働き続けたことは、時として十分な対価とみなされない場合もあるため、特許譲渡についての合意が発明完成後になってしまう場合は、対価を記載しておくことで効力を生ずるようにする

91 ワシントン大学ロースクール先端知的財産研究センター・前掲書（注 88）97 頁。

ことが望ましい[92]。

なお、雇用契約に職務発明に関する条項が存在しない従業員がすぐれた発明をした場合には、従業員がそもそもその能力を活かして、企業で発明することが期待されて雇用されているケースでは、従業員の発明に関する特許を受ける権利は企業に移転されるが、企業としてはこのことを積極的に立証することが求められる（単にエンジニアとして従事していたというだけでは不十分であり、特定の発明をするために雇用されていたことがわかる必要がある）。具体的には、従業員の能力・雇用した目的・なされた発明が当該目的に沿ったものであることがわかるような資料により立証していくことになる。

V　秘密情報の流出

1　海外進出時の営業秘密管理体制：総論[93]

第1編第3章で説明したとおり、海外においても営業秘密漏えい等のリスクは存在する。特に、海外進出時に特有の事情として、①本社と現地法人との物理的な距離・管理の複雑化の問題、②現地における人材の不足、③現地の環境・風土の問題がある。①への対応として、現地との接点・交流を図ることが有効であり、日本からの役職者を現地に赴任させることも一案である。また、管理が複雑な点については、現地にも可能な限り共通のルールを導入することが考えられる。②への対応として、情報管理に強い人材を現地で採用する、本国から派遣する、または現地で積極的に育てることが考えられる。③については、営業秘密の法制度の有無およびその実効性、また秘密情報を尊重する風土・文化も国による。また、情報管理のために必要な通信やITの仕組みも国によってその発展の程度が異なる。したがって、それらを踏ま

92 特許庁「我が国、諸外国における職務発明に関する調査研究報告書（平成25年3月）」〈https://www.jpo.go.jp/resources/report/takoku/document/syokumu_hatsumei/syokumu_hatsumei.pdf〉35頁。

93 服部誠＝小林誠ほか『営業秘密管理マニュアル』（民事法研究会、2017年）125頁。

えた情報管理のあり方を策定することが必要となる。

海外進出時の営業秘密管理体制を構築するうえで、重点的に管理する情報をリスクの程度の大きさに応じて区分することが望ましい。そして、重点的に管理したいものから､順に現状のリスクアセスメント（事前調査）を実行し、従業員へのヒアリングを行う。これらの結果を踏まえ、適切に情報管理・セキュリティ対策が可能となるように各地域に共通する項目のポリシーを策定する。そして、特に重要な地域については、拠点ごとに個別の営業秘密の管理ルールを策定する。そして、こうしたルールを前提に、さらに現地法人に対して継続的に情報管理の重要性について教育・研修を行う。

以上のような対応策を実施し、実際のフィードバックを踏まえ、改善し、必要に応じて現地の専門家に確認を求めることが望ましい。

2　中国における営業秘密管理体制

中国については、営業秘密に関する法令を概観したうえで、営業秘密の侵害行為が生じないための予防策について説明する。

中国法上、営業秘密に該当するためには、①公衆に知られていないこと、②商業的価値を有すること、③権利者が関連の秘密保持措置をとったことが要件である（反不正当競争法９条４項）。これは､日本の要件と類似しているが､特に③を満たすか否かが問題になりやすく、実務上重要である。

中国における営業秘密侵害行為（反不正当競争法９条１項）は以下の各号のとおりである。

１号：窃盗、賄賂、詐欺、脅迫、電子的手段による侵入またはその他の不正手段をもって権利者の営業秘密を獲得すること

２号：前号に定める手段を用いて獲得した権利者の営業秘密を開示、使用しまたは他人に使用を許諾すること

３号：秘密保持義務または権利者の営業秘密保持に関する要求事項に違反して保有している営業秘密を開示、使用し、あるいは他人に使用を許諾すること

４号：秘密保持義務または権利者の営業秘密保持に関する要求事項に違反

するよう他人を教唆、誘惑、幇助して権利者の営業秘密を獲得、開示、使用しまたは他人に使用を許諾すること

侵害行為の実態としては、①従業員漏えい型、②取引先漏えい型、③第三者不正取得型に区別できる。そして、①従業員漏えい型は、「従業員が在職中に営業秘密を競合企業等に漏えい」、「従業員が退職後、転職先の企業に営業秘密を漏えい」または「従業員が自ら競合会社を設立して、営業秘密を流用」にさらに区別できる。

また、②取引先漏えい型は、下請けからの漏えい（委託終了後に業務遂行のために受領した情報を返還しない等）と顧客からの漏えい（見積り後取引締結せず見積り時に受領した情報を使用する等）の類型がある。

中国においては営業秘密侵害が多発しているが、その背景事情としては、知的財産等の無形の財産に対する尊重が社会的に十分になされてこなかったこと、人材の流動性が高いことにより所属組織への帰属意識が低いこと、また、ビジネスの現場でも従業員がSNSを利用する文書共有を行うことが一般的であること等があげられることが多い。

営業秘密侵害への予防策を講じるに際しては、上述の事情を考慮に入れる必要がある。基本的に日本と同じである。すなわち、適切な秘密管理体制を構築するために、重要な技術情報を特定し、社内の情報管理規程を整備しつつ、情報管理手段としてもコンピュータウイルスに対抗できる最新の技術を導入し、情報管理のための専門部署を設置すること等が有用であるとともに従業員に対して、営業秘密漏えい防止のための教育を行う一方で、キーパーソンにとって魅力的な職場を確保しつつ、仮に転職が発生するときには転職者に必要な競業避止義務を負わせることが考えられる点では、日本における対策と同様であるが、その厳格さの程度において、有意な差を適宜設けるべきである。この点、2021年6月に開催された第7回営業秘密官民フォーラムでは、中国における営業秘密漏えいの対策として以下が紹介されており、携帯電話管理の重要性や、調査会社を利用した退職者の追跡等があげられて

おり、参考となる[94]。

○ポイント１（物理的管理体制の整備）

・管理性要件の基準は日本と大きく変わらないため、日本と同等の管理を実施

・日本とは比較にならないほど、携帯電話およびSNSが業務上利用されていることが多いため、携帯電話管理（写真撮影やSNS利用）の対策が必須

○ポイント２（人的管理体制の整備）

・人材流動性が相対的に高く、会社への帰属意識が日本と比べると高くないため、従業員の退職時の対策が重要

・退職の申出があった時点で、当該従業員に対する監視を強化したり、営業秘密へのアクセスを制限するなど、早めの対策が必要

・法律的、形式的な対応にとどまらず、競業避止義務を課した退職者のその後の足取りを、調査会社を利用するなどして追跡、確認する等、現実的な対応も検討が必要

また予防法務の一環として営業秘密に関するリスクが顕在化した場合にすぐに現地の法律事務所に相談して対応してもらえるように、現地の法律事務所につながりをもっておくことが望ましい。

3　米国における営業秘密管理体制[95]

米国における秘密情報の保護については、統一営業秘密法（Uniform Trade Secrets Act, UTSA）、連邦経済スパイ法（Economic Espionage Act of 1966, EEA）および連邦営業秘密保護法（DTSA）を理解しておく必要がある。

UTSAは、営業秘密に関して全米的に統一された保護を与えることを目

94　経済産業省知的財産政策室「最新の営業秘密侵害事例から見えてくる『営業秘密』保護のポイント（令和３年６月２日）」〈https://www.meti.go.jp/policy/economy/chizai/chiteki/pdf/13_210602_meti.pdf〉７頁。

95　向山純子ほか「米国における営業秘密保護の現状について」パテント70巻９号（2017年）７頁。

的として制定され、2022年2月現在、ニューヨーク州を除いた全米各州で採用されている。UTSAは、営業秘密を「(i)その開示もしくは使用によって経済的価値を得ることのできる他の者により、一般的に知られておらず、かつ適切な手段によっては容易に解明されないことにより、現実のまたは潜在的な、独立の経済的価値を生じさせるものであって、かつ、(ii)その秘密性の維持のために、当該状況の下において合理的な努力の対象となっている、処方、パターン、編集物、プログラム、装置、方法、技術またはプロセスを含む、情報」と定義しており、TRIPS協定39条2項と同内容の規定となっている（知的財産の保護水準が各国ごとに異なるので、国際統一のために最低限の保護水準を定めた協定がTRIPS協定である）。UTSAは、不正な使用行為、不正な開示に追加して不正な取得行為についての利用可能な救済手段として、差止め、損害賠償請求（現実損害および逸失利益）、不当利得返還請求および合理的なロイヤリティ、並びに、故意・悪意による場合には補填的損害賠償の2倍までの懲罰的損害賠償および弁護士費用の賠償を認めている。

一方で、1996年に営業秘密の不正取得等に関して刑事面を規律するために制定された連邦法にEEFがあり、①外国政府による、または外国政府に便益を与えるための経済スパイによる営業秘密の不正取得等（18U.S.C.§1831）、および②民間の個人・企業による営業秘密の不正取得等（18U.S.C.§1832）を禁止している。EEAにおいて、「営業秘密」とは、「有形物か無形物かを問わず、かつ、保管、集積または物理的・電子的・図形的・写真的・書面的記録の有無および方法を問わず、①その保有者が当該情報の秘密性保持のために合理的な措置を講じており、かつ②公衆に一般的に知られておらず、かつ、公衆が適切な手段により容易に解明できないことから、現実のまたは潜在的な、独立の経済的価値を生じさせる、すべての形態および類型の財務的、事業上の、科学的、技術的、経済的または工学的情報を意味し、パターン、計画、編集物、プログラム機器、処方、設計、試作品、方法、技術、プロセス、手続、プログラムまたはコード」を意味し、当該情報の保有者が秘密性保持のために合理的な措置を講じていること、および当該情報が公衆に一般的に知られておらず適切な手段により解明することは容易ではないことを必要とする。

DTSA は、2016 年５月に、EEA の改正法として制定された米国連邦法上の営業秘密保護法である。DTSA の営業秘密の定義に大きな変更はなくUTSA の場合とほぼ同一であるが、これまで州法によってのみ民事上保護されていた営業秘密が、連邦法によっても民事上保護されることになった。また、UTSA では州ごとに判例法の内容や手続が相違していたため、すべての州に適用される DTSA により、統一的な判断ができることが期待されている。また、DTSA には、営業秘密のさらなる開示・使用その他拡散を防止するため、被告への事前通告なしの差押えの申立てが規定されている。米国において営業秘密にかかわるトラブルが生じた場合、DTSA に基づく請求とあわせて UTSA に基づく請求ができるかどうかも検討することが望ましい。

また、米国の知的財産に関するポリシーは、政権交代によって影響を受けるところ、バイデン政権下では、米国企業の知的財産等にかかわる秘密情報を営業秘密として守る政策を強化する戦略がとられている[96]。米国においては出願時に発明者が最良と信じる発明の態様（ベストモード）を明細書に記載し開示しなければ特許無効原因にあたるとされてきたが、ベストモードを開示しないことは特許無効原因ではなくなり、出願人において特許技術の最適条件は開示せず営業秘密で守る戦略を可能としている。また、営業秘密をコンピューターを利用して盗み取るサイバーエスピナージの事件が近年は多いところ、バイデン大統領はそのような行為に対する制裁を強化するとしている。

このように営業秘密の保護を重視する米国において、米国企業から営業秘密侵害で提訴されないためには、米国企業の元従業員を採用する場合に、転職前の企業の営業秘密を絶対に社内に持ち込まないことを雇用契約や誓約書

---

96 服部健一「バイデン政権の知財／特許戦略の方向性」特許研究 71 号（2021 年）3 頁。

によって誓約させることが予防になる。また、会社の社内規程で前職の会社の営業秘密を利用することを禁止し、この方針を理解させるための研修を行うことが効果的である[97]。また、他社と契約を締結したり他社との契約の内容を履行する過程で秘密情報の授受を行うことがあるので、適切な秘密保持契約を締結するべきである。

Ⅵ　製造物責任

1　中国における製造物責任[98]

中国における製造物責任に関連して最も重要なのが、製品品質法である。同法は、製品の品質に対する監督管理を強化し、製品の品質責任を明確にすることにより、使用者・消費者の合法的な権益を保護することを目的とした法律であり、製造者のみならず販売者も責任が問われる。販売者は、製品が具備すべき使用機能を具備していないにもかかわらず事前に説明しなかった場合や、表示している品質を満たしていないことが原因で消費者に損害を与えた場合、製品の修理、交換、返品または損害賠償責任を負う。上記の事由について製造者または製品供給者（販売者に製品を供給したその他の販売者）に責任がある場合、販売者は製造者または製品供給者に求償することが可能である（同法40条）。また、製品に欠陥が存在したことにより人身または欠陥製品以外のその他の財産に損害を与えた場合、製造者が製品の流通開始時に損害を引き起こした欠陥がまだ存在していなかったことなどを証明できるとき、製造者は賠償責任を負わない（同法41条）。

日本企業が、中国の製品品質法や消費者権益保護法に基づき現地で提訴された場合、当該製品の中国語で記載された「使用説明書」や「取扱説明書」

97 荒木源徳＝ディビッド・ドイル「日本企業の米国子会社における営業秘密の保護に関する実務的考察」パテント70巻9号（2017年）13頁。
98 日本貿易振興機構（ジェトロ）「製造物責任法の概要：中国」（2019年10月）〈https://www.jetro.go.jp/world/qa/04C-030002.html〉。

の記載内容が重要になる。日本語や英語の説明を、単に簡体中国語に置き換えただけでは不十分な場合もあるので、現地スタッフや事情がわかる者らと十分に協議をし、現地の消費者・使用者にとってわかりやすい表現で、かつ誰もがわかる箇所に明示しておく必要がある。万が一トラブルになった場合に備え、商品のほかにも、ホームページや広告、パンフレットにも記載日時を明確にしたうえで説明を記載し、説明を更新した場合にはそのつど、更新日時を明確にしておく必要がある。

中国の保険会社では製品品質法に規定された①製造物の品質に瑕疵があった場合の修正・交換・返品等にかかわる保証責任である「瑕疵保証責任」と、②欠陥商品により人身または財産に損害をもたらした場合にかかわる「製造物責任」の２種類に応じて、PL 保険が取り扱われている。消費者の人身や財産に損害を及ぼす可能性の程度やトラブルの頻出率等に応じて保険料が異なるので、必要な範囲で利用することが可能である。

2　米国における製造物責任[99]

(1)　米国の製造物責任に関する特徴

米国では製品が米国内のどこで使用されていても、製造業者側は、被害者が提訴してくれば、応訴して責任がないことを証明するほかなく、製造物責任訴訟のリスクから逃れることはできないと考えられている。また、製造物責任訴訟を提起され得る主体の範囲は、基本的に、製品の製造業者だけでなく、輸出業者、製品の販売業者など製品の商流に関与した当事者が広く含まれる。

米国の製造物責任訴訟の特徴は、①成功報酬制で原告を支援する弁護士と専門家証人が多く、訴訟となる事案が多いこと、②被害者に同情的な陪審裁判制の存在が原告有利に作用しがちであること、③被告の行為態様の悪質性

---

99 日本貿易振興機構（ジェトロ）「輸出時における PL 法の対策・留意点：米国」（2017年２月）〈https://www.jetro.go.jp/world/qa/04A-000951.html〉。

や資力を踏まえ、「現実に発生した損害」を大幅に超えて懲罰的賠償判決[100]が認められる可能性があること、④集団訴訟（クラスアクション）となりやすく、製造業者等に莫大な損害賠償責任が課される可能性があること、⑤ディスカバリー制度の下で広範かつ大量の文書等を相手方当事者に開示することが求められること等があげられる。

また、米国における製造物責任の法理としては、1965年に裁判規範である第２次不法行為リステイトメント402条Ａに規定採用されて以来、厳格不法行為責任が判例において広く認められてきている。厳格不法行為責任とは、欠陥製品による被害者である消費者は、過失責任における被告側の過失の立証をすることなく、①製品に欠陥があったこと、②損害は当該欠陥によって生じたこと、③その欠陥は製品の出荷時にすでに存在していたこと、を根拠に製造物責任を追及できるというものである。ここで、欠陥とは、設計上の欠陥、製造上の欠陥および指示・警告表示上の欠陥に分類されている[101]。

---

100 懲罰的損害賠償は、日本においては認められていない制度で、加害者の動機等において、悪意性が強いとされた場合に、「現実に発生した損害」を大幅に超えた金額で損害賠償が認められることをいう。製造物責任訴訟においては、製造業者・販売業者等が製品に不具合があることを認識しながら、消費者への危険性についての警告・回収等の措置を怠った場合等に、懲罰的損害賠償の責任の有無が問題となりうる。被告企業としては、反論となる証拠・資料を迅速に提出できなかった場合、原告側が陪審員の感情に訴えて、故意･悪意あり、と判定される可能性があるため、外国製造業者も特に注意が必要である。

101 アメリカ法律協会（American Law Institute）が、米国法の主要分野について、判例法の現状と、判例が分かれている点についてあるべき法を条文の形でまとめ、しばしば裁判でも当事者が引用しているものがリステイトメントである。

第３次不法行為リステイトメント２条における各欠陥の定義は以下のとおりである。

設計上の欠陥：販売者等が、もし合理的な代替設計を採用していれば、リスクを減少または回避することができた場合で、かつ、その代替設計を採用しなかったために、その製品が合理的に安全でなかった場合、その製品には設計上の欠陥がある。

製造上の欠陥：製品の準備と販売の時点において、あらゆる可能な注意が尽くされていても、製品がその意図された設計から逸脱している場合には、その製品は製造上の欠陥を含む。

指示･警告表示上の欠陥：販売者等が、もし合理的な指示または警告を実施していれば、リスクを減少または回避することができた場合で、かつ、その指示または警告を実施しなかったために、製品が合理的に安全でなかった場合、その製品は製造上の欠陥を含む。

ただし、米国においては、自動車・医薬品などの特に連邦法で規制されるべきと定められている事項以外は、各州が固有の規制を設けることができるため、製造物責任についてもどの州法が適用されるかで要件や損害の範囲等に差があり、訴訟結果に差が出る可能性がある。

⑵　**予防策**

米国における製造物責任訴訟に対して、製品の安全性を確保し、品質管理体制を徹底することで未然に事故が生じることを防ぐ以外に、以下の予防策をとることが考えられる。

ア　社内体制の整備

製品の設計、製造において、また使用する者への警告・表示において、自社が最善を尽くしていることを示すデータを常に記録・管理することが望ましい。また、仮に、販売開始後に製品の不具合が発見された場合、消費者に対する警告やリコールといった措置を迅速に講じうるための社内体制を整備しておくことが重要である。

イ　海外 PL 保険の付保

外国の製造物責任訴訟は賠償額が莫大になる傾向があるため、日本と比較して、PL 保険によるリスクヘッジが重要となる。そのため、他国向けのものよりも保険料が高額であるが、PL 保険を付保することが望ましい。PL 保険付保の方法は、製造物責任訴訟の豊富な経験を有する米国の保険会社と提携している日本の損害保険会社に付保するか、米国輸入業者と協議のうえ、当該輸入業者との契約上の定めに基づき米国保険会社に共同付保することが考えられる。

ウ　取引当事者間での製品に関する契約条項

製品の製造業者等が製造物責任訴訟によるリスクを軽減させる方策として、取引当事者間の製品に関する販売契約等に以下のような条項を設けることが考えられる。ただし、取引当事者間では有効でも被害者には主張できないことに留意されたい。

【記載例】　被害者から製造物責任訴訟を提起された場合の損失等を買主に負担させる条項

> Buyer agrees to and hereby indemnify, release, defend and hold Seller and its officers, directors, employees, shareholders, agents, successors and assigns harmless from and against all claims, damages, losses, costs and expenses, including attorneys' fees, arising in favor of any person, firm or corporation on account of personal injury or property damage alleged to be caused by a defect in the Product.
>
> 日本語訳：買主は、本製品の欠陥に起因して個人や法人に生じた人身への傷害または財産的損害に関連するすべての請求について売主およびその役職員等を防御し、売主が被った損失、損害、費用（弁護士費用を含む）を補償し、売主に一切の損失を与えないものとする。

【記載例】　買主が被害者から製造物責任訴訟を提起され、損失等を被った場合の、買主から売主への責任追及を回避するための免責条項

> EXCEPT FOR THE WARRANTY STATED IN THIS AGREEMENT, THE PRODUCT IS PROVIDED "AS IS" WITHOUT WARRANTY OF ANY KIND AND SELLER MAKES NO WARRANTY WHATSOEVER WITH RESPECT TO THE PRODUCT, INCLUDING ANY WARRANTY OF MERCHANTABILITY; OR WARRANTY OF FITNESS FOR A PARTICULAR PURPOSE; WHETHER ARISING BY LAW, COURSE OF DEALING, COURSE OF PERFORMANCE, USAGE OF TRADE OR OTHERWISE.
>
> 日本語訳：本契約に明確に定められている場合を除き、本製品は保証されない、現状有姿で提供されるものとし、売主は、法律、取引の過程、履行の過程、取引慣習等に基づくか否かにかかわらず、本製品の商品性または特定目的への適合性に係る保証を含む一切の保証責任を負わない。

なお、米国のUCC（Uniform Commercial Code、統一商事法典）では、黙示の保証を排除するために、目立つ形式で契約上規定して注意喚起しなければ、保証の排除は無効になる。そのため、英文契約書では慣例的に保証を排除する条項等では、全部大文字で表記されることが多い。

買主の提示する契約書のひな型には、以下の条項例のように、しばしば売主に製造物責任をすべて補償させる内容がある。売主としては、PL 保険の付保等の方針も考慮に入れつつ、買主との関係において自己の責任を合理的な範囲に限定する修正ができないかどうか検討するべきであろう。

【記載例】　売主に製造物責任をすべて補償させる条項

Seller agrees to and hereby indemnify, release, defend and hold Buyer and its officers, directors, employees, shareholders, agents, successors and assigns harmless from and against all claims, damages, losses, costs and expenses, including attorneys' fees, arising in favor of any person, firm or corporation on account of personal injury or property damage alleged to be caused by a defect in the Product.
日本語訳：売主は、本製品の欠陥に起因して個人や法人に生じた人身への傷害または財産的損害に関連するすべての請求について買主およびその役職員等を防御し、買主が被った損失、損害、費用（弁護士費用を含む）を補償し、買主に一切の損失を与えないものとする。

エ　クラスアクションを排除する条項[102]

企業によっては、PL 責任に関係するクラスアクションを大きなリスクと位置づけ、消費者との紛争をクラスアクションではなく個々の仲裁で解決すべく、消費者との契約において、クラスアクション放棄条項を含む仲裁条項を定める場合がある。具体的には、以下のように、消費者・企業間の紛争のすべてを仲裁により解決することおよび両者が陪審裁判の権利またはクラスアクションへの参加権利を放棄することに同意する旨が規定される。

102 東京海上日動火災保険株式会社企業商品業務部「PL 情報 UpdateVol.32」(2014 年 7 月)〈https://www.tokiorisk.co.jp/service/product_liability/pl/pdf/pdf-pl-02.pdf〉11 頁。

【記載例】 クラスアクションを排除する条項

The parties further agree that any arbitration shall be conducted in their individual capacities only, and not as a class action or other representative action. If any court or arbitrator determines that the class-action waiver set forth in this section is void or unenforceable for any reason, or that an arbitration can proceed on a class basis, then the arbitration provision set forth above shall be deemed null and void in its entirety and the parties shall be deemed to have not agreed to arbitrate disputes.

日本語訳：契約当事者は、いかなる仲裁も個人の資格においてのみ行われ、クラスアクションまたはその他の代表訴訟として行われないことに同意する。裁判所または仲裁人が、理由のいかんを問わず、本条に定めるクラスアクションの放棄が無効または執行不能であると判断した場合、もしくは仲裁が集団により進行可能であると判断した場合、上記に定める仲裁規定はその全体が無効とみなされ、契約当事者は紛争を仲裁で解決することに合意しなかったものとみなす。

しかし、当該条項の有効性自体が訴訟で争われることもあり、無効と判断される可能性があることに留意しておく必要がある。

第3編

国際取引トラブルの出口戦略

第1章 現地法人のトラブル

Ⅰ 問題の端緒

1　はじめに

現地法人におけるトラブルが発覚する端緒にはさまざまなものがあるが、往々にして、発覚した当初は、問題の本質や全容がわからず、目先の問題点だけは把握できているが、それがどの程度深刻な問題であるのか、発覚しているものですべてなのかさらに広がりを有するものなのか、どのような対応が必要になるのか等不明な場合が少なくない。

そのような場合、適切な対応（出口戦略）や、再発防止策の検討（予防法務）につなげる前に、まずは事態の把握に注力する必要がある。

これまでみてきたとおり、国や地域によって法制度が異なり、したがって、発生するトラブルの内容も異なり得るものである。もっとも、詳細な状況が不明な中で、トラブルに適切に対処するために考慮すべき事項としては、おおむね地域によって差異はないと思われる。したがって、以下では、各地域に共通した国際取引トラブルの出口戦略について解説することとする。

2　問題が発覚するルートと予防法務の重要性

トラブル発覚の端緒は、大きくは、社内（グループ内）で発覚する場合と社外から知らされる場合とに分けることができる。社外から知らされる場合というのは、多くの場合、訴訟等の裁判手続や行政手続に巻き込まれたような場合や、第三者から具体的な請求や要求を受けているような場合であろうから、会社においてイニシアティヴを握ることができず、裁判手続等のスケジュール、捜査当局からの要請や第三者からの要求次第で、種々の対応に迫られることとなる。他方、社内で発覚した場合のほうが、対応に時間的余裕があったり、さらに大きな問題に発展する前に対策を講ずることができることが多い。

以上のことからすれば、ひとたびトラブルが生じてしまった以上は、社内で発覚したほうが望ましいということができよう。かかる意味において、前記第２編第１章で述べた予防法務は、トラブルの発生自体を防ぐという意味合いに加えて、ひとたびトラブルが発生してしまったとしても、社内で発見することを容易にし、適切な対応を講ずることを助ける側面もあるということができる。

Ⅱ　社内調査の初動

海外で生じたトラブルへの対応は、生じたトラブルの内容や地域によって千差万別であり、一概に対応手順を示すことは難しい。もっとも、どのような場合であっても考慮すべき共通項が存在する。

以下では、多くの事例で検討することが求められるポイントについて解説する。

1　関係部署の特定（調査チームの立ち上げ）

トラブルの発生を最初に覚知する部署は、事案によってさまざまである。海外子会社等に法務機能がある場合には、そこから本社法務に情報が来ることもある。そのほか、内部監査部門による内部監査の過程で問題が発覚することもあれば、現地法人より、本社における、当該現地法人が所在する地域を所管する事業部門に報告が上がるケースもある。

もっとも、トラブルを最初に把握した部署が、必要な部署や外部専門家を巻き込み当該トラブルへの対処を主導するのに最適な部署であるとは限らない。必要に応じ適切な部署にもち込まれるよう体制整備をしておくことが望ましい。

海外トラブルで本社を悩ませるような事案は、法令違反のケースが少なくなく、そうすると現地弁護士等の起用が必要になることも予想されるためか、まずは法務部門やコンプライアンス関連の部署に問題がもち込まれることが多いように思われる。

とはいえ、法務部門に問題がもち込まれたからといって、法務部門においてすべての対応ができるということはまれであろう。まず、後記２以下で述べるとおり、トラブルに適切に対処していくためには、社内の適切な情報源から適切な情報を取得し、トラブルの状況を正確に把握することが求められる。しかし、法務部門においては、過去にたまたま、トラブルのもととなっている契約書類を審査したことがあるといったケースでもない限り、問題の生じた部署の情報をもち合わせていないことがほとんどであろう。まずは、身近で連絡がとりやすい本社での情報収集から始めることになると思われるが、問題の生じた現地法人に関する情報をもっているのはどの部署で、誰に聞くのが適切か、検討することから始めるべきである。経験的には、トラブル案件をもち込んできた部署にそれなりの情報が存在することが多い。

2　関連資料の取扱い

⑴　資料の保全

地域によっては証拠が破棄された場合に非常に重いペナルティが課され、かつ、米国などが典型であるが、実際に証拠の破棄が発覚し、敗訴等の不利益を課されている例があるところ、誤って破棄された場合であっても、当局に疑いの目を向けられてしまうおそれもあることから、トラブルの原因となる事実に関する証拠となり得る資料の保全には細心の注意を払う必要がある。したがって、トラブルが判明した場合には、速やかに、証拠となる資料の保全について検討すべきである。

具体的にどのような保全措置が必要になるのかは、保全する必要のある資料の媒体の性質による。

たとえば、紙媒体の資料が多く存在する場合には、当該資料を物理的に回収して保管をするか、あるいは、それが困難な場合には資料の保管者に対して書面による通知を行い、破棄を禁ずることが考えられる。また、紙媒体の資料よりも電子メール等の電子データが主として念頭におかれるならば、サーバで保存されているデータを保全すれば足りる場面も考えられる。

加えて、どこまでの範囲で保全を行うべきかも検討する必要がある。これは、問題となっている事案の内容、それが生じた国や手続にもよる。

たとえば、米国において何らかの訴訟に巻き込まれる可能性が生じた際には、関連する資料の保全義務が生じ（litigation holdとよばれる）、全社の関連する部署に、関連する文書等を特定したうえ、その破棄を禁ずる旨の通知を発することが行われる（litigation hold notice）。他方、カルテルなどの不祥事事案等、性質上極めて高い守秘性を有するコンプライアンス問題の初期段階等においては、資料保全の指示すら大がかりな展開は控えるべき場面もあり得る。重要な資料を有する者は、当該案件に深くかかわっており、いずれにせよヒアリング等により事情聴取をする必要があり、案件の存在を知らせる必要があるため、資料保全の指示をするにさほど支障がない場合も少なくないであろう。

以上のような要素を加味して、資料を保全する方法や、その範囲を決定することになる。

⑵　資料の分析、提出

資料を保全した後、事案の解明や当局等による提出要請に応じるため、資料の分析が必要となる場合がある。どこまでの資料を収集・分析し、場合によっては当局等に提出するかは、国や、トラブルの内容、および関係する当局等によっても異なるところである。

最も広範な資料の収集・分析・提出が必要となる場合、関与した者を含む一定の範囲の人間について、パソコン端末に保存された電子データ、やりとりされた電子メール、会社から貸与されている携帯電話等の端末に所在する各種データや、やりとりされたショートメッセージ等の保全・収集等が必要になってくる。その際、データベンダとよばれる専門業者において、サーバルームからデータを確保するとともに、携帯端末を回収し、専用のレビュープラットフォームにアップロードし、調査を担当するチームにおいて分析をしていくことが行われる。

もっとも、常にここまでの対応が必要というわけではなく、関係者において携帯電話を使ったやりとりを全くしていなかったことが確認できる場合等にはかかる端末の回収を省略する等、合理的な範囲での資料収集を行えば足りることが多い。いずれにせよ、当該国における当局の調査方法等を熟知している現地弁護士と相談のうえ進めることが得策である。

ただし、資料の保全にあたって、どうしても一定部署の人物を巻き込む必要が生じる場合もある。たとえばある部署に属する人物が使用する携帯端末を回収する場合には、当該部署の長等といった一定の立場にある人間には事情を知らせる必要があるし、データベンダをしてサーバルームからのデータ回収をさせる場合には、IT 関係を所管する部署に一定程度事情を説明する必要があるであろう。

3　その他協力を要請すべき者・報告をすべき者の特定

以上の説明からも明らかなとおり、海外現地法人でトラブルが生じた場合には、本社の法務部門またはコンプライアンス部門の独力でその内容を解明し、適切な措置を講ずることは難しく、必要な関連部署を巻き込む必要がある。

⑴　聴取対象者

前記２で述べた資料の収集も重要であるが、資料の分量が膨大になる場合や、資料が断片的である場合等は、資料の読み込みのみからトラブルの全容を把握することは困難である。したがって、トラブルに関与しあるいは巻き込まれた者から話を聞くことが事案解明の基本となる。そこで、トラブルに関する事情を知っていると思われる対象者を特定する必要がある。対象者が社内に在籍しているのであれば、究極的には業務命令により事情聴取をすることが可能であるが、退職等によってすでに社外に出てしまっている場合には、任意の協力を得がたい場合も多い。

もちろん、聴取対象者の供述内容が客観的事実に沿ったものであるかどうかを確認するにあたっては、客観的資料が有用であるため、資料収集の重要性に変わることはない。また、客観的資料の収集を先行させる場合には、資料の内容から、事情を聞くべき人物が特定できることもある。

その他、重大な法令違反のおそれがある場合等、特に守秘性の高い案件では、なるべく本社に近い人物から聴取することが望ましい。たとえば現地法人を所管する本社事業部門においてある程度キーパーソンを把握していると思われ、まずそこが手がかりとなり得る。あるいは現地法人の社長等の要職者が本社からの出向により賄われているような場合には、まずはその者を聴取対象とすることも得策と思われる。

これらのプロセスで名前があがった者から事情を聞く過程で、さらに話を聞くべき人物が浮上することも往々にしてあり得る。

こうして特定した聴取対象者からヒアリングを実施することになるが、初期的なヒアリングにあたっての留意点は後記４で述べる。

⑵　その他必要な情報を有する者

トラブルに直接関与していない部署･人物に対して､トラブル解明にあたって助力を求めるべき場合があり得る。

たとえばシステム関係のトラブルに起因する情報漏えいのケースであれば、本社のIT関連の部署を巻き込んだほうが情報を得やすい。また、製品の品質関係であれば本社の品質保証部門、人事労務関係の問題であれば本社人事部を巻き込むことが考えられる。また、次で触れる点（報告・意思決定）にも関係するが、初期の段階で公表は避けられないことが判明しており、公表の時期や方法等がイシューとなりそうな場合には、広報部門を巻き込んでおくことが考えられる。

聴取対象者も現地で業務に従事している以上、運営に関する事情を熟知しているはずであり、その者に尋ねれば済むということもあるが、現地法人採用者である場合には、言語や時差の問題もあるし、また、一般論として、トラブルに巻き込まれた態様等によっては、自身の責任に直結する場合もあり得ないではなく、得られる情報の客観性という観点から問題があり得る。

そこで､当該トラブル固有の事情については聴取対象者に聞くほかないが､

その前提となるような一般的な社内的事項については、本社の関連部署を巻き込むべきである。

(3)　報告・意思決定ライン

トラブルの実体解明が進んだ後、裁判所や行政当局等への対応や、公表を行うか否か等の検討を行う必要があり得る。その際、日常的に意思決定がなされるような事柄ではないため、誰がどのように意思決定するのかが問題となり得る。そして、意思決定を行うべき立場の者（ないし組織体）には、それに必要な情報をインプットする必要があるため、報告ラインもあわせて検討することになる。

ただし、重要だからといって、常に親会社の高位役職者、あるいはグループの代表取締役にまで報告ラインを広げるべきかは、留意が必要である。

もちろん直接報告を受けていなかったからといって必ず免責されるというわけではないが、報告ラインのトップに位置づけられ、トラブルの対処を主導しているかのごとく印象をもたれると、後に役員責任の追及を含めた問題につながる可能性も否定できない。問題の重要性に鑑みて、高位役職者等が興味をもつことも十分考えられるが、あくまで、事実上の報告をする等にとどめ、不必要に関与させないことが望ましい場合もあり得る点に留意が必要である。

以上のような観点から、報告や意思決定ラインにつき検討をすることになるが、的確かつ迅速な意思決定ができるよう必要最低限のメンバーに絞った運用とすることが望ましいケースが多いと思われる。

4　初期的なヒアリング

聴取対象者が確定した場合、実際に事情を聴取することになるが、これをどの時点で行うのかは、事案によって判断すべきである。

１つは、次項で述べる外部専門家（典型的には日本または現地の弁護士が想定される）を関与させる前に、基礎情報を把握するために、社内の調査チームのみで事情聴取を実施することがある。あるいは、社内の調査チームだけでの接触は行わず、外部専門家関与の下で行うこともある。いずれによるべきかは、事案の性質や、聴取対象者との関係に応じて判断することとなるが、重大な不祥事に関する事案のように企業と聴取対象者の双方の利害に大きく影響する場合や、潜在的に企業と聴取対象者の利益関係が対立する可能性がある場合や、聴取対象者が素直に協力するか不透明な場合には、社内の調査チームのみでの接触は避けることが考えられる。

現地法人が関係する事案に特殊な点としては、聴取対象者と物理的な距離が離れている点があげられる。最近ではウェブ会議を実施できる環境が整ってきているが、国や地域によっては回線状況が悪く、思うように話が聞けない場合もあるし、事案の性質によっては、少なくとも最初の事情聴取は、対面で行ったほうが望ましい場合もあり得る。もっとも、コロナ禍においては海外への往来にあたり隔離期間が必要となるなど、相当な困難が伴い、ウェブ会議での聴取を行うことでやむを得ない場合もある。

また、聴取対象者が英語や日本語を話さず、通訳を介したヒアリングが必要となる場合には、ヒアリング自体に相当の時間がかかることとなるため、調査スケジュールの立案にあたっては、この点を考慮することが必要になる。

Ⅲ　外部専門家の関与

弁護士等の外部専門家の助力を得、事情聴取を主導させ、あるいは社内調査チームによる調査を補助させることもある。

外部専門家を関与させる場合も、社内調査チームと外部専門家の双方同席で調査を行うか、外部専門家のみで行うかいずれの方法もあり得る。外部専門家は、問題が発覚してから案件に関与することになるため、必ずしも社内の仕組みやオペレーションの詳細まで把握していない。そのため、聴取対象者において、外部専門家がこれらについて知識がないことにかこつけて、言い逃れを図るケースがある。そのような場合には、社内調査チームが同席していれば、その場で直ちに訂正等をすることができる。また、社内調査チームのほうが事案をよく把握しているような場合においては、社内調査チームが事情聴取を主導し、外部専門家は法的観点など専門的な観点から質問を補充するといった役割分担とすることもある。

あるいは、会計データの分析等のために公認会計士等の助力を得たり、社内文書から違反行為の有無を検討するため法的観点からレビューをさせるために弁護士の助力を得ることも考えられる。

どの国の専門家を関与させるかであるが、弁護士等において現地当局と直接にやりとりすることが想定される場合や、現地法が問題になる場合には、現地の専門家を活用することとなる。他方、現地専門家との信頼関係が十分に構築されていない場合等、現地専門家の要求に対して、それが法的に絶対必要なものなのか、もう少し企業にとって負担が少ない方法がないのか、相談しづらいケースが散見される。そのような観点から、類似事案の経験が多く、かつこれまでの当該企業のことをよく知る日本の弁護士を関与させ、現地専門家とやりとりさせ、適宜コントロールさせる、ということも多くみられる。

Ⅳ　裁判所・行政当局への対応

ここまで、現地法人がトラブルに巻き込まれた際、それが判明する端緒や、自社内で判明した場合を念頭においた事実確認等の初期対応や、外部専門家をリテインする際の留意点について説明した。トラブルが生じた以上、本社としては、これを放置するわけにはいかず、真相の把握や問題原因の究明を行い、再発防止に努めるべきであり、これらの対応は避けて通ることはできない。

もっとも、トラブルの内容やそれが発覚した経緯等によっては、裁判所や行政当局（以下、単に「当局」という場合がある）への対応が必要になる場面もあり得る。以下では、前記ⅠからⅢでの対応を踏まえて、当局への対応にあたっての留意点等を説明する。

なお、自社内で問題が判明した場合と、当局側からの指摘により事態が発覚した場合とに大きく分けられ、それぞれで求められる対応が異なってくるため、場合を分けて説明する。

1　自社内で問題が判明した場合

自社内で問題が判明し、いまだ当局側（あるいはトラブルの相手方）からのコンタクト等がない段階では、それほど迅速な対応をとる必要がないととらえがちである。しかし、トラブルの内容やそれが生じた国等によっては、当局からのコンタクトがあった場合と同等の、あるいはそれ以上の、緊急の対応が求められる場合があり得る。

⑴　当局への申請等

至急の対応が求められる可能性のある例として、競争法違反等が判明した場合における競争当局に課徴金減免申請を行うか否か、その他犯罪行為への関与が判明した場合に捜査機関等に自首等の形で自ら情報提供すべきか、あるいは、情報漏えいが生じた際に当局への届出を行うべきかなどが問題になる。

ア　競争法関係

たとえば、日本の独占禁止法においては、カルテル等の不当な取引制限に該当する事実が判明した場合には、公正取引委員会への課徴金減免申請を行うことが可能である。一定の要件を満たした場合には、本来課される課徴金の減免を受けることができる。ただし、日本の独占禁止法においては、減免申請が公正取引委員会による立入り調査の前になされたものか、後になされたものかによって、減免される料率が異なる。また、複数の業者が同一の事案で減免申請を行った場合には、申請をした順序で減免率が異なっている。当然、早期に申請を行ったほうが高い減免率が適用されることになる。

したがって、たとえば日本において不当な取引制限に関与しているおそれが判明した場合には、公正取引委員会への課徴金減免申請を行うか否かを検討することになるが、仮に行うべきとの結論に至った際は、高い減免率を得るために、一刻も早く申請を行うべきこととなる。仮に同じカルテルに参加をしていた同業他社においても社内調査等によって問題が判明した場合には、当該同業他社においても、高い減免率を求めて速やかな申請をめざす可能性もありうるところであり、これに先駆けて申請の判断や準備をする必要があるため、より迅速な対応が求められる。

そして、海外各国の競争法においても、日本における課徴金減免申請と同様の制度を設けている例がある（一般にリニエンシーとよばれる）。米国、欧州（欧州連合のほか、英国、ドイツ、フランス等も含む）や中国のほか、東南アジアの一部の国（ベトナム、マレーシア、シンガポール等）でも、何らかの形で、違反行為の自主申告とこれに伴う処罰内容の軽減が認められている。

したがって、ある国において競争法違反に巻き込まれている可能性が判明した場合には、まずトラブル事案の概要を把握し、これが現地や域外適用がある場合の他国の競争法に違反するか否かを評価したうえで、違反となりうる国の競争法上、リニエンシーの制度が設けられているか否か、当該個別事件についてもリニエンシーが認められているか否かを確認・検討することとなる。そして、当該国におけるリニエンシー制度の利用が可能であるとの結論に至った場合には、申請の有無を速やかに判断することとなる。かかる検討にあたっては、現地の競争法に精通した専門家の助言を得ながら行うことが望ましいことはいうまでもない。

イ　公務員への贈賄規制関係

その他よくみられる例としては、外国公務員への贈賄規制、あるいは当該国における公務員の贈賄規制に違反している可能性が判明した場合である。

前記アの競争法の場合に比して、制度的に自主申告により処罰内容が軽減されることを定めている例は多くはない。もっとも、たとえば米国では、違反行為の自主申告や捜査への協力が量刑にあたっての考慮要素とされることが明記されているうえ、英国においても、個別案件における当局の公表文や報道によると、自主申告をしたことが訴追回避にあたって考慮要素とされていることが読み取れる。また、中国においても、立件前に自首を行うことで刑が免除または軽減される旨が法定されている。逆に、シンガポールなどにおいては、積極的な通報義務が課されており、通報義務に違反した場合には罰則が適用されることとなっている。

このように、公務員への贈賄が疑われる場合においても、前記アで述べたのと同様に、適切かつ迅速な対応について検討をすることになる。

ウ　データブリーチ

欧州の一般データ保護規則（GDPR）においては、個人データの流出や第三者による改ざん等といった問題（データブリーチとよばれる）が生じた際には、原則として72時間以内に監督機関へ報告をすることが義務づけられており、違反をした場合には、年間の全世界での売上高の２％もの制裁金が課される可能性がある。

72時間の起算点は、データブリーチを認識した時点であると解されており、実際の判断は各事業者に委ねられているものの、前述した多額の制裁金が課される可能性に鑑みて、報告が遅れた理由を合理的に説明できない事態は避けるべきであり、できる限り迅速に対応する必要が生じる。

このように極めて短時間での報告が求められている一方、データブリーチが確認された際には、社内での意思決定者の確定、事案の解明（特に、本当にデータブリーチなのか）および社内説明、公表の有無等について検討をする必要を生じ、かなりタイトなスケジュールでの対応を余儀なくされる。

したがって、可能であれば、データブリーチが生じた際の対応マニュアルをあらかじめ作成しておき、意思決定ラインを確立させておくことが望ましい。

エ　申請等を行う際の考慮要素

実際に当局に申請を行うか否かを判断する際には、さまざまな要素を考慮することになる。個別事案によって異なるものの、最大公約数的には次のものがあげられよう。①違反行為の内容、②違反行為が行われていることの確度、③当該違反行為について科されうるペナルティの内容、④申請によって得られるメリットの内容、⑤申請をしない場合に発覚し当局からの調査等を受けるリスクの程度、⑥「違反行為の事実がわかっていたのにあえて申請しなかった」ことが、ステークホルダーにどのように受け止められるか、⑦申請した事実が公表されるか否かと、公表された際に取引先等との関係に与える影響の有無、⑧違反行為の広がりがどれくらいか、等である。

もっとも、競争法などが最たる例であるが、各国において法令違反に対しては厳しい罰則で臨んでいる状況であるとか、前記⑤の観点に関連し、申請をせずに後に発覚した際に「組織的な隠ぺい」であると受け取られるリスク等にも鑑み、重大な違反行為が行われている確実な証拠があるにもかかわらず、あえて申請を行わないと判断することには、相当なリスクを伴うものと思われる。

実際、日本の企業で競争法違反の事実があったにもかかわらず、米国当局へのリニエンシー申請を行わなかったことにより、多額の罰金の支払いを余儀なくされたケースがあり、後に、申請を怠った役員に対して株主代表訴訟が提起された事案もある。このように、判断のための時間が比較的短時間であるにもかかわらず、その際の判断について、場合によっては役員責任が問題となりうることから、有事の際に的確かつ迅速に対応できるよう、対応マニュアルの準備や各地域で迅速に相談できる法律事務所との関係性の構築等、平時から周到な準備をしておくことが望ましい。

⑵　対外公表

現地法人が巻き込まれたトラブルの内容等によっては、公表の有無を検討すべき場合がある。

ア　法令等によって公表が義務づけられる場合

まず、当該現地法人または親会社が上場企業である場合、一定の重要な事象の発生等があった場合には情報開示を行う義務を負っており（適時開示)、事業に与えるインパクト等に照らして開示が必要となる事案であれば、決められた期間内に、決められた方法によって開示をすることが必要となる。また、取り扱っている製品の設計や製造過程等に問題が生じた場合には、その国の業法等によって、不具合の公表やリコールの実施が義務づけられている場合がある。これらの場合、公表は法的な義務として課されているため、選択の余地はなく、しかるべきタイミングで公表を実施することになる。

イ　必ずしも公表が義務ではない場合

以上は法令等によって公表が義務づけられる場合であるが、必ずしも公表が義務づけられていない場合に、あえて積極的に公表を行うべきか、悩ましい場面があり得る。

公表を積極的に行うのは、ステークホルダーへの説明という意味合いが大きい。トラブルの事実関係を公表したうえ、再発防止策の内容もあわせて公表することで、適切に対処していることを示すことができる。他方で、現地法人が巻き込まれたトラブルの内容にもよるが、企業自ら公表をしない間に、第三者等による公表などによって事案が明るみに出た場合、その重要性等によっては、当該企業において隠ぺいを図っていたと受け取られかねない。

もちろん、ステークホルダーにとって重要でない事案について逐一公表を行うことが望ましいとも思われない。

そこで、公表すべき事案かどうかの線引きが重要となるが、以下の要素を考慮することが考えられる。①トラブルの内容（特に、法令違反か否か、および法令の性質・内容）、②公表によって第三者が避けられる損害の有無等、③トラブルによって自社が被る金銭的なインパクトの多寡、④トラブルが生じた地域の事業全体に占める重要性、⑤トラブルが生じ、収束した（あるいは収束すると見込まれる）時期、等である。また、公表をするとした場合には、公表する地域・言語、公表の媒体（現地法人のウェブサイトに限るか、本社サイトでも載せるか、広告まで行うか、関係者への通知のみにするか等）、公表の内容、公表の時期等についても検討する必要がある。

上記のうち①に関してであるが、特に、当該トラブル（ないし法令違反）がその企業の本質的な事業にかかわるか否かも一つの重要な要素となり得る。

たとえば、これは日本国内の事案であるが、食品の販売を行っていた企業において、食品への使用が許されていない添加物が使用され、食品衛生法に違反していたが、会社としてかかる状況を知っていながら、公表せず、関係者に口止め料を支払うことで秘密裏に処理しようとした事案において、複数の役員に対して株主代表訴訟が提起され、その責任が認められている。

隠ぺいという行為態様もさることながら、問題となっていたのが、当該企業が事業として販売していた食品の内容にかかわるものであり、顧客等のステークホルダーの関心が特に高い事柄であったことも、責任が認められたことの一つの背景にあったのではないかと思われる。

食品を例にとると、たとえば、海外において食品衛生上の問題が発生した場合、生産ラインの違い等から日本で流通する食品の安全性に及ぼす影響がそれほど大きくないと思われる場合であっても、グループ企業全体における管理体制が問題とされる可能性もないではないことから、公表を行うか否かは慎重に判断すべきである。他方、現地の雇用法制を完全には遵守しきれていなかったような場合、もちろん法令違反という意味で軽視はできないものの、この問題が及ぼす金銭的なインパクトがさほど大きくない等の事情があれば、場合によってはあえて公表を見送るということも考えられないではない。

実際に有事の際にトラブルの内容を公表するかについて判断することは、たびたび困難が伴う。同じ社内でも、トラブルが生じた地域を所管する事業部門としては、現地におけるレピュテーションへの配慮や、自身の責任問題への懸念から、公表に消極的になる場合もあり得ないではないからである。

そこで、平時に内部的に公表基準などを作成しておくことが考えられる。公表をしなかった事案について、後に意図せず明るみに出たとしても、当該公表基準が正当なものである限り、隠ぺいを意図して公表しなかっただけでなく、内部的な公表基準に達しなかったために公表しなかったのだと説明することが可能だからである。もちろん、ひとたび公表基準を作成すれば、後はこれを杓子定規に運用すれば足りるというものではなく、事案によっては、公表基準を形式的には満たさないものの、重要性に鑑みてあえて公表するという対応をとることが必要な場面がありうる点に留意が必要である。

ウ　公表を控えるべき場合

他方で、公表を差し控えるべき場合も存在する。

日本を例にとると、公正取引委員会に課徴金減免申請を行った場合、申請を行った事実は厳秘しなければならず（課徴金の減免に係る報告及び資料の提出に関する規則８条）、これを漏示等してしまった場合には、減免失格となる（独占禁止法７条の６第７号）。

現地法制や当局からの要請内容を十分に理解し、これに反した対応とならないよう、留意すべきである。

2　当局側から通知・調査を受ける場合

当局側（つまり裁判所や行政当局等）から通知・調査を受ける場合としては、第三者とのトラブルにおいて当該第三者との間で訴訟等の手続が係属し、これが係属する裁判所等から手続に関して通知等がなされる場合や、行政当局（もしくは捜査機関）からの調査を受ける場合等が考えられる。

そして、自社内では全く問題を把握していない中で突如としてこれらのコンタクトを受ける場合もあれば、自社内では問題をある程度把握できているが、当局側から先んじてコンタクトがなされる場合もありうる。

以下では、当局側からのコンタクトの方法等に照らし、一般的な留意点を解説する。

⑴　立入り調査

法令違反の嫌疑に対して当該国の監督当局や捜査機関に強制調査の権限が認められている場合がある。たとえば主要な国における競争当局は、事業者に競争法違反の疑いがある場合には、当該事業者の事業拠点に立ち入ったうえ、違反の有無を調査することができる（立入り調査。Dawn Raid とよばれる）。

立入り調査は、当然のことながら抜き打ちで行われる。その目的は、隠滅のおそれのある証拠の保全と確保であり、通常であれば、立入り調査にあたって、事業所にある文書や関係する電子機器等はすべて押さえられることとなる。この際、事業に必要不可欠な文書等を押さえられることによって事業停止を余儀なくされる事態も想定される。また、立入り調査に引き続いて、その直後に、当局による関係者からの事情聴取が行われることもあり、このとき不適切な対応をすることで後に当局より不正確かつ不利な事実が認定されてしまう可能性も否めない。

以上の観点において、立入り調査への対応は極めて重要であり、可能な準備は尽くしておくことが望ましい。

具体的な準備として、一般に、立入り調査があった際の対応マニュアルを策定し、関係者に周知することが行われる。マニュアルでカバーすべき内容としては、当局担当者から訪問を受けた際に確認すべき事項（部署、担当者の氏名、要件、特に当該企業がかけられている嫌疑の内容等)、社内で連携をとるべき部署、直ちに連絡し協力を求めるべき外部法律事務所、担当弁護士および連絡先、当局担当者に対して弁護士の同席を求めるべきか否か（当局の運用によっては、同席を拒まないものの弁護士の臨場を待たずに調査を開始する等があり得るため、運用を把握したうえで現実的に選択し得るシナリオを検討することとなる)、事情聴取を受ける際の留意点、資料を提出する際の留意点（コピーをとる等）等が考えられる。

複数の国で事業展開をしている場合にはどこの事業所でどういった立入り調査がなされるのかわからないし、国が特定できたとしても、どの当局が、どの法令違反の嫌疑に基づいて、立入り調査を行ってくるのかも予測がつかないことが多いと思われる。あらゆる国のあらゆる法令違反を念頭に、あらゆる監督当局からの立入り調査を想定して対応マニュアルを作成することは現実的でない。

そこで、それぞれの企業において、特に問題の生じそうな地域や、事業内容に照らして法令違反のリスクの高い分野を特定し、リスクの内容に応じたマニュアル作成のリソースを割くことが望ましいと考えられる。

こういったマニュアルを作成するにあたっては、リスクの評価や、現地の当局の運用の把握等が必要となるため、現地法律事務所の知見を求めることも有用と考えられる。

なお、マニュアルを作成したとしても、現地従業員がこれに沿った対応をしなければ意味がない。そこで、作成されたマニュアルについて周知をしたうえ、社内研修等によって内容の浸透を図ることが重要である。

⑵　資料提出等の要請

当局側において、立入り調査までは行わないものの、法的強制力をもって、一定の資料の提出を命ずることがあり得る。

たとえば、米国司法省（DOJ）による刑事事件の調査が行われる際、大陪審の審査を経たうえで、調査対象となる企業等に対し、召喚状が発行されることがある。召喚状には、一定の内容の資料について、一定の期限までに、当局に提出するよう記載され、提出を求める資料の内容について詳細な指定がなされている。

このような召喚状は、米国内に現地法人がある場合には当該現地法人に送達されることもあるが、米国外にある親会社等に、国境を越えて送達がなされる場合もある。ただし、主権との関係で、提出すべき資料を米国内に所在する資料に限る旨の限定が付されることもあるようである。また、多くの国では、弁護士との間で、法的助言を得るためにやりとりされた内容については提出を要しないとされている（秘匿特権）。

召喚状の内容にもよるが、社内関係者が過去にやりとりした、被疑事実と関係のある電子メールすべての提出を求められるような場合には、資料の特定や、秘匿特権によって提出を要しない資料の除外等、相当の作業を要することもあり得る。

そこで、召喚状の送達を受けた場合、実際の提出前に、提出方法や提出すべき資料の範囲等について司法省担当者に協議をよびかけることが行われており（召喚状にもそれを推奨する旨の記載がなされることがある）、そのような要請を行う段階で、当局側との交渉経験が豊富な現地弁護士に相談し、必要に応じて当局側とコンタクトをとらせ、必要な準備を進めていくことが考えられる。

以上では米国当局（DOJ）による調査の例を取り上げたが、地域ごと、あるいは当局ごとによって実務的な運用は異なっているため、当局による要請文書を受領した場合には、速やかに、調査実務を熟知する現地法の専門家に相談すべきである。

⑶　事実上のコンタクト

前記⑵で述べた、法的な強制力を有する措置にまで至らずとも、参考人として、任意の資料提供要請を求めてコンタクトがなされることがあり得る。

法的な強制力の有無によらず、調査協力の要請があった場合にはこれに応じることが得策と思われるが、参考人としてよばれている以上、自社も何らかの問題を抱えていることが判明する場合もないわけではなく、慎重な対応を行うに越したことはない。したがって、明らかに問題がないような場合でない限り、前記⑵と同様に、現地専門家の助言を求め、迅速な対応をとることが望ましい。

第2章　取引先とのトラブル

取引先との間で実際にトラブルが生じた場合の出口戦略を検討する。ここでの出口戦略とは、取引先との間にトラブルが生じてしまったときに、最善の結果を得るために、対応するための戦略をいう。この戦略次第で、トラブルをどのように解決できるかに差が生じるため、出口戦略は重要である。

以下では、具体的なトラブルごとに出口戦略を検討する。

Ⅰ　取引の相手方の信用不安が生じた際の対応

取引の相手方に信用不安が生じた際の出口戦略は、相手方が倒産しているか否かにより、方針が異なる。

1　相手方が倒産していない場合

⑴　債権回収手続

ア　迅速な手続

相手方がまだ倒産していない場合あるいは倒産しているか明らかでない場合には、「早い者勝ち」のルールが働く。すなわち、より早くより多く動いた債権者が他の債権者に先立ち、債権の回収を得られる可能性が高まる。そのため、相手方がいまだ倒産していない段階にあれば、いち早く相手方の資産を調査して、資産を担保にとったり、差し押さえたりして、相手に働きかけ、プレッシャーをかけて、債権回収を図るべきである。このとき、相手の資産が海外にある場合には、当該国の裁判所において保全手続をとる必要があるため、必要に応じて当該国の弁護士にそれに要する費用や時間を確認する必要がある。

イ　否認のリスク

相手方がすでに債務超過や支払不能の状況に陥っている場合に、いきすぎた債権回収を行うと、後に倒産手続が開始された場合に、管財人等に否認（avoidance）される場合があるため、偏頗弁済（preference）や詐害行為（fraudulent transfers）にならないよう注意を要する。

たとえば、米国連邦倒産法においては、以下の要件を満たす取引は、偏頗弁済として否認権行使の対象とされている[1]。

① 債務者の財産上の権利の移転であること

② 移転を受けた債権者の利益のためになされたこと

③ その移転の前に債務者が負担した債務のためになされたこと

④ 債務者が債務超過である間になされたこと

⑤ 申立日前の90日間になされたこと（利益を受けたのが内部者の場合は申立日前の１年間になされたこと）

⑥ その移転により、債権者が、その移転がなかった場合におけるチャプター７（破産手続）の配当金額を超える価値を受領したこと

日本では、受益者が悪意であることが偏頗弁済否認の要件とされているが（破産法162条１項１号ただし書・２号ただし書）、米国連邦倒産法では受益者の悪意は要件とされていない。また、日本では、偏頗弁済否認は、支払停止または倒産手続申立て（以下、「支払停止等」という）後の行為が対象であり、支払不能前30日間になされた破産者の義務に属さない行為が対象とされているにすぎないところ（同項）[2]、米国連邦倒産法では、申立日前の90日間（利益を受けたのが内部者の場合は申立日前の１年間）の行為が対象となっており、日本法に比べて否認権行使の要件が緩和されていることに注意を要する[3]。

ただし、米国連邦倒産法は、一定の行為については、偏頗弁済否認とはな

1 11 U.S. Code § 547 (b)

2 ただし、無償行為またはそれと同視できる有償行為については支払停止等の６か月前までが対象となる（破産法162条３項）。

3 福岡真之介『アメリカ連邦倒産法概説〔第２版〕』（商事法務、2017年）147頁。

らない旨規定している[4]。たとえば､財産移転行為が正当な価値（新価値（new value)）と引き換えになされた場合､通常取引の範囲内でなされた場合､在庫･売掛金に包括的担保権（floating lien）を設定した場合、財産移転後に新価値が付与された場合、借り入れた資金で購入した財産に対して担保権が設定された場合（purchase money security interest)、少額（5000ドル未満）の場合等については、否認権の対象とならない。

また、米国連邦倒産法は、倒産手続の申立日前の２年間になされた詐害行為についても否認権の対象としている。詐害行為とは、債務者が他の債権者を害することを知りながら財産の移転行為を行うことである。詐害意思は債務者にあればよく、債権者には必要とされておらず、また対価が低廉であるなどの間接事実により詐害意思があったものと擬制される可能性がある[5]。

したがって、債権回収を行う際には、否認権行使の対象とならないよう注意をしたうえで行うべきである。

ウ　否認権規定の域外適用の有無

仮に米国において倒産手続が開始し、管財人等から日本で受けた弁済等について否認権の行使を受けた場合には、否認権の行使の実体的要件を満たすか否かのみならず､当該否認権の域外適用が認められるか検討すべきである。なぜなら、「手続は法廷地法による」という国際私法の原則からは、倒産手続開始地法が準拠法となるものの、否認権の行使、海外財産に対する取戻権の行使､双方未履行双務契約の解除等の破産実体法に関する規律については、必ずしも倒産手続開始地法が準拠法とはならない可能性があるからである。否認については、準拠法選択の基本原理や法秩序安定の要請に基づいて、取引地法など破産手続開始前の準拠法によるべきであるとする見解や、裁判所

4　11 U.S. Code　§　547 (c)
5　11 U.S. Code　§　548 (a) (1) (A) (B)

が最適な準拠法を選択できるとする見解もある[6]。

この点、米国の裁判所は、偏頗弁済の否認は、連邦倒産法の規定および制定された経緯からして、米国外に適用される立法者の明確な意思があるとはいえない、例外的に、米国外における取引が米国内に効果を及ぼす場合や、米国内の行為に関連するものである場合には、否認の規定を域外適用する場合もあり得るとした[7]。このような考え方は、国際礼譲（comity）の観点からも是認できるといわれている。

そのため、わが国でなされた弁済行為について否認権の行使がなされた場合には、外国の倒産手続について、日本の裁判所により承認手続がなされている場合は別としても、当該外国の倒産法上の否認権の規定の効力は、わが国に及ばないと争うことも考えられる[8]。

⑵　緊急仲裁人制度等

紛争解決手段について仲裁合意がなされている場合でも、日本の仲裁法上では、裁判所に保全申立てをすることが可能である（仲裁法15条）。また、保全手続として緊急仲裁人制度（Emergency Arbitrator）を設けている仲裁機関も多くあるので[9]、それを用いることも考えられる。通常の仲裁の場合に

6 伊藤眞『破産法・民事再生法〔第５版〕』（有斐閣、2022年）273頁は、「否認や相殺禁止などの破産実体法について取引地法や本国法を適用する可能性を認めると、関係人の間に不公平を生むという理由から、破産開始地国法が準拠法となるとの考え方が有力である。

もちろん、債権や担保権など、権利そのものの成立要件などは、破産手続とは区別される問題なので、一般の国際私法の原則にしたがって決定される。一般原則としては、平等・公平な破産債権者の満足という破産制度の目的にかかわる規定は、破産開始地国法によることになろう」としつつも、上記のように考える別の見解もあり得るとしている。

7 Maxwell Communication Corp. v. Barclays Bank (In re Maxwell Communication Corp.), 170 B.R.800 (Bankr.S.D.N.Y 1994); Maxwell Communication Corp. v. Societe General PLC (In re Maxwell Communication Corp.), 186 B.R. 807 (S.D.N.Y 1995); In re Maxwell Commc'n Corp.plc by Homan, 93 F.3d 1036 (2d Cir.1996)

8 阿部信一郎編『わかりやすいアメリカ連邦倒産法』（商事法務、2014年）136頁。

9 たとえば、アメリカ仲裁協会（AAA）／国際紛争解決センター（ICDR）、シンガポール国際仲裁センター（SIAC）、香港国際仲裁センター（HKIAC）、日本商事仲裁協会（JCAA）、国際商業会議所国際仲裁裁判所（ICC）、ロンドン国際仲裁裁判所（LCAI）において、緊急仲裁人制度が採用されている。

は、申立てから仲裁廷が構成されるまでに１か月から３か月程度かかるところ、緊急仲裁人制度によれば、申立てから１～３日以内に仲裁機関によって緊急仲裁人が選任され、選任後、短時間（通常は10日から３週間程度）に緊急保全措置命令の発令についての判断がなされる[10]。

なお、2022年１月現在、日本では、法務大臣の諮問機関である法制審議会において、仲裁法の改正について議論されている。法制審議会が取りまとめた2021年10月８日付け「仲裁法の改正に関する要綱案」においては、UNCITRALのモデル法が改正されたこととあわせて、仲裁法24条を改正して、「暫定保全措置」の類型、発令要件、承認および執行等についてより明確にすることが検討されている。これによれば、「暫定保全措置」とは、仲裁判断前に仲裁廷が当事者に対して一時的に一定の措置を講ずることを命ずるものをいい、①当該措置の必要性、②本案について疎明があれば、仲裁廷は、相当な担保提供の下、発令が可能とされている。また、暫定保全措置は、承認拒否事由がない限り、裁判所の決定等がなくても、効力を有するが、執行を行う場合には、裁判所による執行決定を要するものとされている[11]。

⑶　刑事上の手続

また、債権の未払いが詐欺的な手段によるなど犯罪行為がうかがわれる場合には、自社または相手方の所在地を管轄する警察組織に働きかけることも考えられる。しかし、契約に基づく取引の場合、警察は、民事的な解決に委ねようとする傾向があり、なかなか刑事事件にしようとしたがらない傾向にある。そこで、もし何としても刑事事件にしようとする場合には、積極的に証拠を収集し、粘り強く働きかける必要がある。なお、国際警察（インターポー

10　谷口安平＝鈴木五十三編『国際商事仲裁の法と実務』（丸善雄松堂、2016年）352頁。たとえば、JCAA規則においては、緊急仲裁人は、選任された日から２週間以内に、緊急保全措置命令に係る決定をするよう努めなければならないとされている（JCAA規則77条４項）。

11　法務省「仲裁法等の改正に関する要綱案」（2021年10月８日）〈https://www.moj.go.jp/shingi1/shingi04900001-00103.html〉。

ル）は、各国の警察組織の連携を促進するための組織であり、通常、民間からの犯罪の告発を受け付けてはいない[12]。

2　相手方が倒産している場合

⑴　自国における倒産手続

相手方がすでに倒産している場合には、倒産手続の効力を争うのでない以上、債権回収は、倒産法の定めに即して、同順位にある債権者は公平な分配しか得られないから、債権回収を急ぐ必要はもはやなく、裁判所からの通知に従い、債権届出書を提出して、倒産手続に参加し、倒産手続の進行を注視することになる。

⑵　外国における倒産手続

海外の裁判所により倒産手続開始の決定がなされたにすぎず、自国では倒産手続が開始されていない場合には、外国の裁判所から通知が来ているだけでは、単に、当該国の裁判所の決定により、当該国において倒産手続が開始されただけであり、日本国はその国とは別の主権を有している以上、その国の裁判所の決定の効力は、日本国には及ばないと考え、相手方が日本に有する資産（相手方の日本支店の資産等）を差し押さえて、債権回収を図ることも理論上は可能である。

しかし、そのような考え方に基づき日本国にある資産を差し押さえられるのを防ぐために、海外資産を多く有する企業は、倒産手続を開始する場合、日本の裁判所において外国における倒産手続の承認援助手続を申し出る。かかる手続により、日本の裁判所より外国における倒産手続の承認決定が出され、差押手続等の他の手続の中止命令等が出されている場合には、債権者としては、もはやそれに従うほかない（外国倒産処理手続の承認援助に関する法律22条、25条）。

12 INTERPOL「What to do if you want to report an international crime.」〈https://www.interpol.int/What-you-can-do/If-you-need-help〉

Ⅱ　経済制裁への対応

1　経済制裁への対応

ロシアによるウクライナへの軍事侵攻に伴って世界各国において発令されている多くの経済制裁のように、経済制裁は、突発的に発令され、かつ、公布日が施行日となることがあるとともに、規制対象（個別の制裁対象者や対象行為）ごとに施行日が異なることもある。また、経済制裁は一度決定すればそれでその内容が常に確定するというわけではなく、追加的な措置がとられることもある。したがって、経済制裁への対応としては、まず第１に規制の内容と施行日を迅速かつ適時に把握することが要求される。代表的な制裁対象者のリストは、第２編第２章Ⅳに掲げているが、日本政府が発令する規制については、財務省のウェブサイト（いわゆるMOFAリスト）で確認できる。

2　ロシアによるウクライナへの軍事侵攻に伴う各国の経済制裁とそれに対する対応

制裁の内容は、原因となった事象やその関係国の産業による。ロシアによるウクライナへの軍事侵攻に伴う日本政府の経済制裁の項目は、以下のとおりである。

⑴　資産凍結等――支払規制

外国為替及び外国貿易法（以下、「外為法」という）16条１項（並びに大蔵省告示97号および制裁対象者を指定する外務省告示）に基づいて、外務省の告示により指定される者に対する支払い等を財務大臣の許可を要するものとするものである。指定される者にはロシアの特定の銀行が含まれる。許可の対象となる支払い等は、①ⓐ居住者もしくは非居住者による日本から外国に向けた支払い、またはⓑ居住者による非居住者との間の支払いであって、②指定された者に対するもの、および③指定された者による日本から外国へ向けた支払い、とされている。

⑵　資産凍結等——資本取引規制

外為法21条1項（並びに大蔵省告示99号および制裁対象者を指定する外務省告示）に基づいて、外務省の告示により指定される者との資本取引につき財務大臣の許可を要するとするものである。対象となる資本取引は、①居住者と指定者である非居住者との間の預金契約（ただし、居住者が当該非居住者から受け入れるものを除く）、②居住者と指定者である非居住者との間の信託契約（ただし、居住者が当該非居住者から受託するものを除く）、③居住者による指定者である非居住者に対する金銭の貸付契約に基づく債権の発生に係る取引である。

⑶　輸出入関連規制

①　自称「ドネツク人民共和国」および自称「ルハンスク人民共和国」との輸入禁止措置、外為法52条および輸入貿易管理令4条に基づき、自称「ドネツク人民共和国」および自称「ルハンスク人民共和国」を原産地とするものにつき、ウクライナからの輸入を禁止するものである。

②　ロシア連邦およびベラルーシ共和国の特定団体への輸出等に係る禁止措置

外務省告示により指定されるロシア連邦の特定団体（49団体）およびベラルーシ共和国の特定団体(2団体)への輸出等に係る禁止措置である。

③　国際輸出管理レジームの対象品目のロシア連邦向け輸出の禁止等に関する措置

国際輸出管理レジーム（大量破壊兵器および通常兵器並びにそれらの開発等に用いられる技術や汎用品の輸出を管理するもの）の対象品目のロシア連邦およびベラルーシ共和国向け輸出および役務の提供について、審査手続を一層厳格化するとともに、輸出禁止等に関する措置を導入するものである。これを受けて、経済産業省による関連通達の改正が行われ、ロシアを仕向地とする貨物の輸出および技術提供について、特別一般包括許可、特定包括許可、特定子会社包括許可の対象外とする等の対応がとられている。

④　ロシア連邦およびベラルーシ共和国の軍事能力等の強化に資すると考えられる汎用品の輸出等の禁止措置

⑤　ロシア連邦向け石油精製用の装置等の輸出等の禁止措置

⑷　ロシア連邦政府等による日本における新規証券の発行・流通禁止

①　証券の発行または募集に係る規制

外為法21条1項に基づき、外務省の告示により指定される者による日本における新規の証券の発行および募集につき財務大臣の許可を要するとするものである。

②　役務取引規制

上記①により日本において許可制の対象となる新規の証券の発行および募集のため、居住者が労務または便益の提供を行うことも財務大臣の許可制とするものである。

③　証券の取得または譲渡に係る規制

ロシア連邦政府等が発行する令和4年2月26日以降に発行した証券は、居住者による、ⓐ非居住者からの取得またはⓑ非居住者に対する譲渡についても、財務大臣の許可制とするものである。

米国や欧州各国も経済制裁を行っており、また、ロシアも、対抗措置としてカウンター制裁を行っており、ロシア関連ビジネスを行うにあたっては、それらも確認する必要がある。

なお、ロシア企業と締結している取引契約上の義務（たとえば物品の供給や代金の支払いなど）が、経済制裁の影響により、履行困難な状況に陥る事態が生じている。まずは、契約の内容を確認し、「不可抗力条項」が規定されていれば、当該条項に即した対応を行うとともに、準拠法を確認し、準拠法上どのような対応（たとえば、民法に基づく契約解除や相殺[13]等）が可能か

13 ロシア中央銀行の外貨準備口座の凍結や、SWIFT（世界各国の金融機関をつなぐ金融メッセージプラットフォームを提供する国際銀行間通信協会）からロシア派の銀行が排除されたことにより、ロシア企業との資金決済が困難となっているため、二者間相殺のほか、関係会社を含めた三者間相殺を行うことも検討に値する。

を検討すべきである。加えて、取引先と密にコンタクトをとったり、ロシア政府が発信する情報を含め最新の情報を入手する等して、不測の事態とならないよう適宜判断し対応していくことが求められる。

Ⅲ　相手方の債務不履行への対応

1　相手方が債務不履行を行っている場合の対応

相手方が債務不履行をしていると思われる場合には、まずその不履行を止めさせる必要がある。そこで、まず、相手方に債務不履行を中止するように求めるべきである。その方法としては、通知によって時効が完成猶予または更新することや、解除権の発生時期に関係することがあるので、後でいつ通知したかがわかるように文書で通知を行うべきである。通知を行う方法については、契約に定めがある場合も多い。その場合には、契約に従った方法で通知を行う。契約に定めのない場合には、電子メールなど速やかに通知できる方法で連絡するとともに、日本でいう内容証明郵便や書留郵便のようにいつ先方がその通知を受け取ったかを確認することができるEMSなどの郵便で送付を行うべきである。

そのうえで、債務不履行が是正されなかった場合には、債務不履行による損害賠償請求とあわせて、契約の解除を行うことになる。

2　相手方から債務不履行を行っていると主張された場合の対応

通知を受け取った側としては、通知の内容を精査し、記載された事実とそれに対する評価が正しいかを確認する。事実に誤りがあれば債務不履行にはならないし、事実が正しくてもその評価が誤っていれば、やはり相手方の主張には理由がないことになる。また、債務不履行があったとしても、それに基づき請求されている損害の範囲が過大な場合もよくある。たとえば、債務不履行から生じた損害として、懲罰的賠償や特別損害の請求を受けることがあるが、そのような損害についてまで責任を負う必要があるかは、契約の内容や準拠法を確認し、必要に応じて専門とする弁護士に照会するべきである[14]。

そのうえで、通知に対する返答を準備することになる。返答においては、相手方の通知に誤りがあれば、それを指摘して反論する。この際には、自己の主張の裏付けに必要な範囲で回答すれば足りる。相手方は、通知において、自己の主張の裏付けや手がかりを探索するために、（当方の製品の売上高や販売時期等について）情報提供を求めたり、知っているふりをして「鎌」をかけてくることもある。しかし、これに乗せられて必要以上に情報提供したり譲歩したりすることのないように注意すべきである。ただし、回答を行う際の態度が陪審員に不誠実であるとの印象をもたれることのないよう、回答期限を守る等、誠実に回答する姿勢が大切であると思われる。仮に、調査や検討に時間を要し、回答期限に間に合わない場合には、少なくとも回答期限までに、通知を受領した旨と、正式な回答の時期の目安を伝えておくとよい。

相手方は、自己の通知に対する回答を受けて、異議があればさらに反論をしてくるであろう。このようにして文書でのやりとりが何往復にもわたって続くこともままある。相手方とやりとりを重ねるにつれて、争点も明確になり、どちらかが折れるか、相互に妥協して、和解できることもある。他方、双方の主張が平行線をたどり、お互いに妥協することができない場合には、裁判や仲裁等により、第三者の判断を仰いで解決することとなる。

Ⅳ　訴訟・仲裁対応

1　裁　判

交渉を重ねても解決に至らない場合には、裁判や仲裁等の紛争解決機関に紛争をもち込まざるを得ない。では、どの紛争解決機関にもち込むか。これ

14 日本法においては、懲罰的賠償は公序良俗に反し無効とされており（最二小判平成9年7月11日民集51巻6号2573頁）、特別損害（特別の事情によって生じた損害）は債務不履行時に係る事情につき予見可能でなければ請求できないとされている（民法416条2項）。

を検討するにあたっては、①紛争解決手段と、②紛争解決地が問題となる。通常は、いざ紛争になってからこれらの点についての争いが生じないように、契約に定めをおいているはずであろうから、そのような定めがある場合には、それに従うことになる。

契約に定めがない場合には、国際的紛争に関する各紛争解決手段（裁判、仲裁、調停）のメリット・デメリットや、当該事案の性質、相手方との関係等を踏まえて紛争解決手段と紛争解決地を選択することになる（各手続の詳細については、第２編で述べたとおりである）。

本項では、紛争解決手段として裁判が選択された場合について検討する。以下では、日本企業の渉外トラブルに関して紛争解決地として選択されることが比較的多い日本、米国、中国における裁判について取り上げる。裁判は、取引先以外の第三者とのトラブルについても用いられることが多いため、取引先以外の第三者とのトラブルの事例も想定しつつ、解説する。

⑴　日本での裁判

ア　管　轄

訴えを提起する側としては、特に国際的な紛争に関しては、自国の裁判所に訴えを提起できることが得策である場合が多いであろう。そこで、まず日本の裁判所に管轄があるか検討すべきことになる。

外国企業との間の紛争について、日本の裁判所に管轄が認められるかについて、長い間法律上の決まりはなく、解釈に委ねられていたが、2011（平成23）年の民事訴訟法改正により、国際裁判管轄に関する規定が追加された。

ⅰ　相手方との関係

裁判権の行使は、国家の主権の行使と解されることから、国際法の原則からすれば、国家と何らかの関連性がある行為または相手方についての紛争であれば、当該国の裁判権の行使が許されると解される。

そのため、相手方の所在地が国内に存在していれば管轄権が認められる。たとえば、相手方が自然人であれば、当該人の住所または居所が国内にある場合に、管轄権が認められる（民事訴訟法３条の２第１項）。相手方が法人であれば、事務所または営業所が国内にある場合、代表者または業務担当者の住所が国内にある場合には、管轄権が認められる（同条３項）。

⒤　事件との関係

上記に加え、民事訴訟法は、事件との関係で、わが国に関連性があると認められる場合についても、管轄権を認めている（民事訴訟法３条の３）。たとえば、契約上の債務の履行の請求を目的とする訴えについては、契約に定められた当該債務の履行地が日本国内にあるときは、管轄権が認められる（同条１号）。また、財産権上の訴えについては、請求の目的が日本国内にあるとき、または差し押さえることができる財産が日本国内にあるときには、管轄権が認められる（同条３号）。さらに、日本で事業を行う者に対する訴えについても、その訴えが日本における業務に関するものであるときは、管轄権が認められる（同条５号）。

(iii)　応訴管轄

仮に上記(i)および⒤の規定により管轄権を有しないとしても、被告が日本の裁判所に管轄権がないとの抗弁を提出しないで本案について弁論を行った場合には、裁判所に管轄が認められる（応訴管轄。民事訴訟法３条の８）。したがって、相手方が管轄権を有しない旨の抗弁を提出せずに裁判が進行することも考えられる。

(iv)　特別な事情による却下

日本の裁判所に法律上管轄権が認められても、裁判所が事案の性質、応訴による被告の負担の程度、証拠の所在地その他の事情を考慮して、日本の裁判所が審理および裁判を行うことが当事者の衡平を害し、適正かつ迅速な審理の実現を妨げる特別な事情があると判断するときは、訴えの一部または全部を却下することも可能である（民事訴訟法３条の９）。たとえば、秘密保持義務違反があったことが疑われる事案で、秘密情報とされる情報が外国にのみ存在しており、秘密情報の漏えい行為も当該外国で行われたような場合には、相手方から民事訴訟法３条の９に基づき訴えを却下するよう求められる可能性がある。裁判例においては、日本法人とその取締役が米国法人に対して、インターネット上に掲載された記事による名誉毀損を理由とした損害賠償を求める訴訟について、当該訴訟が訴え提起当時すでに本件と関連する訴訟が米国で係属していたこと、証人等の想定される証拠方法が主に米国に所在することなどの事情から、本条を適用して訴えが却下された事案がある（最判平成 28 年 3 月 10 日民集 70 巻 3 号 846 頁）。

イ　手　続

日本での裁判手続は、おおむね以下のように進行する。

まず、訴状を裁判所に提出して訴えを提起すると、裁判所から相手方に対して、訴状が送達される。その際、裁判所は、第 1 回口頭弁論期日を指定して、被告に対して、その期日前の所定の期限までに、答弁書を提出することを求める。

第 1 回口頭弁論期日において、当事者双方から訴状および答弁書が陳述され、証拠の取調べがなされる。裁判所は、当事者に対して、準備書面の提出の意向を確認するなどして、次回期日までの準備事項を確認し、次回期日を指定する。

口頭弁論期日は、公開の法廷で開催されるが、口頭弁論期日において、裁判官が事件を弁論準備手続に付して、審理がラウンドテーブルを囲んだ会議室でなされることも多くある（民事訴訟法 169 条）。新型コロナウイルス感染症の拡大を受けて、昨今では、従前はあまり用いられることのなかった書面による準備手続を活用して、オンライン会議ツールを用いて遠隔にいる各当事者と裁判所をつなぎ、審理がなされることも多くなった（同法 175 条）。これらの準備手続においても、口頭弁論期日と同様、裁判所は、当事者に対して、次回期日までの準備書面の提出の予定などを確認して、次回期日を指定する。

期日ごとに、双方が相互に準備書面を提出することを何度かくり返して、双方の主張・立証が尽くされたところで、裁判官は、その時点での心証を開示して、和解の可能性について示唆することも多い。和解ができない場合には、必要であれば、証人尋問を行うなどしてさらに審理を行い、その後に、判決日を指定し、判決を言い渡す。通常は、訴え提起から判決もしくは和解による終結までに、1年程度の期間を要する[15]。

近年では、裁判のデジタル化に向けて、法制審議会において民事訴訟法の改正が議論されている。法制審議会が2022年1月28日にまとめた要綱案においては、原告がインターネットで訴状を出せるようにすることが主な改正点となっており、弁護士などの訴訟代理人が提出する場合はインターネット提出を義務づけることとされている。また、訴訟の迅速化を図る観点から、要綱案においては、あらかじめ審理期間を6か月以内に定めて7か月以内に判決を言い渡す制度の創設が提示されている[16]。

ウ　注意点

どこで訴訟提起をするかにあたって、考慮すべきなのは、審理の便宜だけではない。審理のスピードや公平性はもちろんであるが、賠償額の算定基準も重要な考慮要素である。特に知的財産権侵害訴訟においては、国により裁判で認められる賠償額に大きな差異が生じているといわれる。たとえば、米国では、2020年に認められた特許権侵害訴訟の損害賠償額は、46.7億ドル（5600億円）にも上るといわれている[17]。たとえば、テキサス州西部地区連邦地方裁判所は、2021年3月2日、インテルとVLSI Technology LLCとの訴訟において、インテル側に21.8億ドルの損害賠償義務を認めた。

他方、日本では、東京地判平成31年3月7日判時2472号68頁において、総額50億円を超える損害賠償が認容されるなど、近年認容される損害額が比較的増加傾向にあるが、それでも、2014年から2020年における東京地方裁判所および大阪地方裁判所における特許権侵害訴訟において、最も多い判

15 知的財産高等裁判所は、ホームページにおいて同裁判所での平均審理期間等の統計を公開している。これによれば、知的財産高等裁判所における控訴審の令和2年における平均審理期間は9か月とされている（知的財産高等裁判所ウェブサイト〈https://www.ip.courts.go.jp/documents/statistics/index.html〉）。

16 法務省「民事訴訟法（IT化関係）等の改正に関する要綱案」（2022年1月28日）〈https://www.moj.go.jp/shingi1/housei02_003005.html〉10頁

17 Branka Vuleta 25 Patent Litigation Statistics – High-Profile Feuds about Intellectual Property August 06, 2021〈https://legaljobs.io/blog/patent-litigation-statistics/〉

決での認容額は、1000 万円から 5000 万円、和解での解決金の額は、100 万円から 1000 万円未満となっており、米国と比較すると少額である。他方、米国の訴訟においては、後述のとおり、広範な証拠開示手続（ディスカバリー）があるため、自らに不利な証拠・情報も相手に開示しなければならないリスクや訴訟費用が高額になるリスクもある。複数の国に訴訟提起することが可能なケースでは、訴訟提起にあたり、各国の裁判所の判断の傾向も考慮に入れたうえで、管轄を選択するべきである。

⑵　米国での裁判

ア　管　轄

では、米国で訴訟提起をすることになった場合、どの裁判所が管轄を有するか。米国は、連邦制を採用しているため、連邦裁判所と 50 の州裁判所（およびコロンビア特別自治区およびプエルトリコ準州の裁判所）の２つの裁判体系が併存している。連邦裁判所と州裁判所は、それぞれ最高裁判所を頂点とした裁判体系であり、独立した司法府である。

連邦裁判所であっても州裁判所であっても、裁判所が審理を行うためには、①事物管轄権（subject matter jurisdiction）、②人的管轄権（personal jurisdiction）、③裁判地（venue）の要件を満たさなければならない。

(i)　事物管轄権（subject matter jurisdiction）

事物管轄権とは、当該裁判所が当該訴訟類型について審理する権限を付与されているかの問題であり、大まかにいえば、連邦裁判所が審理するか州裁判所が審理するかの問題である。連邦裁判所の第一審管轄権は、合衆国憲法の下、連邦制定法によって認められた事件・争訟に限定され[18]、特に専属管轄とされていない限り、州裁判所と競合管轄となる。それ以外の事件・争訟は、州裁判所のみが管轄権を有する[19]。たとえば、州法に準拠する契約に関する紛争であれば、州裁判所が管轄権を有する。他方、特許権などの知的財

18　合衆国憲法３条２項、28U.S.C. §1333, §1334, §1338 等
19　浅香吉幹『アメリカ民事訴訟法〔第３版〕』（弘文堂、2016 年）２頁。

産権は、連邦法上の権利であるため、特許権侵害訴訟は、連邦裁判所が管轄権を有する。その他、連邦裁判所が管轄権を有する事件としては、破産事件や反トラスト法違反事件、異なる州の当事者間の事件（異州籍事件：diversity vase）などがある。

(ii)　人的管轄権（personal jurisdiction）

人的管轄権は、具体的な当事者や訴訟の目的物との関係で当該裁判所が管轄権を有するかの問題である。これは、上述したとおり、日本において、「相手方との関係」および「事件との関係」を考慮して管轄権が判断されるのと同様である。人的管轄権の判断にあたっては、被告となる個人または法人の住所や所在地がどこにあるのか、また、その財産がどこにあるのか、どこで活動しているのか、などが考慮される[20]。被告が州内に住所を有さなくても、ロングアーム法[21]により、①被告と法廷地の間に「最小限の接触（Minimum Contacts）」が存在しており、②管轄権を認めることにより被告の負担、法廷州の利益、救済を受ける原告の利益などを考慮して公正であるといえれば、当該裁判所に管轄権が認められる[22]。

(iii)　裁判地（venue）

事物管轄権および人的管轄権が認められたうえで、原告が選択した裁判所が適正な裁判地であるか、その裁判の地理的な場所が妥当か判断される。すなわち、事物管轄権および人的管轄権が裁判所の管轄能力の問題（当該裁判所に権限があるかの問題）であるのに対し、裁判地は、被告や証拠方法との関係で適正かを判断するための問題である。米国では、訴訟で適用される法律および手続が地区ごとに異なり、また、地域ごとに裁判官の質や陪審の意見、信条なども異なるため、どの場所で裁判を行うかが結論に大きく影響することもある。そのため、原告としては、それらの傾向を分析して可能な限

---

20 岸本芳也『グローバル企業の知財戦略――米国特許訴訟・輸出管理法・知財デューデリジェンスがよくわかる』（丸善出版、2020年）238頁。

21 Long-Arm Statute（州ごとに異なる）

22 Burger King Corp. v. Redzewicz, 471 U.S. 462, 476 (1985)

〔図表 8〕　米国における訴訟の流れ

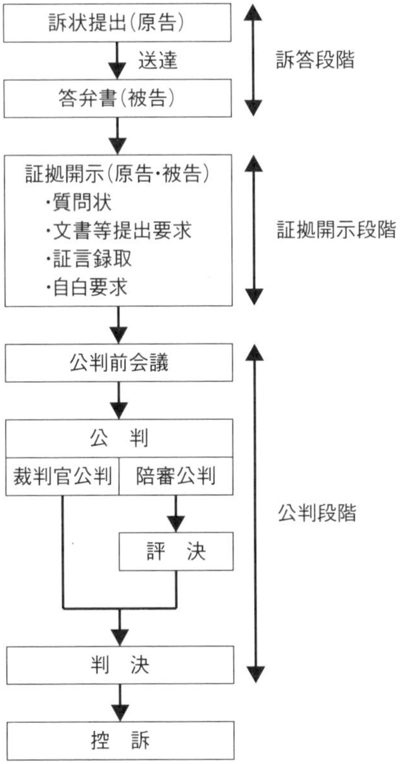

り自己に有利な場所で訴訟提起したいと考えるものである（フォーラムショッピングともいわれる）。裁判所としては、基本的には、原告が選択した裁判地を尊重するが、原告が選択した裁判所で審理されると被告に著しい不利益が生じる場合には、かかる不利益を是正するために、訴えの却下または移送を決定する裁量権を有している。

イ　手　続

前述したように、米国における訴訟の手続は、地区によって異なる。そのため一概にはいえないが、大まかにいえば、以下のような流れをたどる[23]。

(i)　訴状・答弁書の提出

原告から訴状が提出された後、訴状が被告に送達され、被告は答弁書を提出する機会を与えられる。答弁書が提出されると、ディスカバリー（discovery）が始まる。

(ii)　ディスカバリー

ディスカバリーの開始にあたっては、当事者は双方協議のうえ、ジョイント・ディスカバリー計画案を裁判所に提出しなければならない。ディスカバリーの手段としては、複数の手段があるが、強力な開示手段として、文書等提出要求（Request for Production of Documents and Things）がある。文書等

23 岸本・前掲書（注 20）120 頁。

提出要求は、相手方または第三者が保持する文書・情報・有体物の開示を要求することができる手続である[24]。これには、いかなる媒体に保管されている書面であっても、あるいは電子メールなど電磁的に記録された情報も含まれることが2006年の連邦民事訴訟規則改正により明確化されている（Eディスカバリー）。この手続は、開示を求める当事者からすれば最も強力な手続であるが、相手方にすれば、時間・労力・費用面で最も負担が大きい手続である。訴訟当事者としては、この手続がとられることを見据えて、訴訟開始時の段階から、証拠を保全し改ざんを行っていないことを十分に証明できるように準備しておく必要がある（後述ウ(i)参照）。開示を求められた相手方には、それに応じる義務があり、相手方が開示を拒否した場合には、裁判所より開示命令が出され、専門家によるデジタル・フォレンジックがなされることもある。デジタル・フォレンジックにおいては、データを解析して意図的に改ざん・削除された情報についても復元される可能性があるため、注意が必要である。もっとも、ディスカバリーにおいても、秘匿特権がある証拠に関しては、開示義務がない[25]。したがって、訴訟の際に秘匿特権が活用できるよう日頃から備えておくことが有用である。

そのほか、ディスカバリーの手段としては、質問状（Interrogatories、相互に質問状を交わして回答を求める手続）、自白要求（Request for Admission、相手方が争わない事項について認めるよう求める手続）、検査要求（Request for Inspection、相手方や第三者が管理する不動産に立ち入り、文書・情報・有体物の検証を行う手続）、証言録取（Deposition、公判に先立ち、弁護士が相手方の証人に尋問し、書面等で記録をとる手続）などがある[26]。

(iii)　公　判

ディスカバリーが終わると、公判（トライアル）が行われる。公判の前には、

24 連邦民事訴訟規則（Federal Rules of Civil Procedure）34条(a)(1)
25 連邦民事訴訟規則（Federal Rules of Civil Procedure）26条(b)(1)
26 岸本・前掲書（注20）120頁、阿部・井窪・片山法律事務所編『米国特許訴訟Q&A150問』（AIPPI Japan、2011年）79頁。

公判前会議が開催され、裁判所および当事者間で公判のためのスケジュールや審理の基本原則が定められる。そして、その内容に基づき、公判が行われる。

公判のやり方には、陪審員による公判（jury trial）と裁判官による公判（bench trial）とがある。陪審員による公判においては、陪審員が事実認定を行うのに対し、裁判官による公判においては、法律上の論点の判断のみならず、事実認定も含めて、裁判官が行う。

陪審員による公判の場合には、両当事者の代理人が陪審員に対し、それぞれの主張･立証を行う。立証にあたっては、証人尋問がなされることが多い。立証が終わると、当事者双方は最終弁論を行い、陪審員は評議を行う。評議の結果、評決に至ると、裁判官は、それを踏まえて判決を言い渡す。

米国は、三審制を採用しているので、第一審の判決後、一定期間内に、当事者は、控訴することができる。

ウ　注意点

(i)　リティゲーション・ホールド（Litigation Hold）

上述のとおり、裁判ではディスカバリーにおいて相手方が開示を求めた文書等については、秘匿特権が認められない限り、相手方に開示する義務がある。そのため、当事者は、開示義務を果たせるよう、訴訟提起が合理的に予測できる（reasonably foreseeable）時点から訴訟に関連する証拠を保全する義務を負っている[27]。この義務を怠れば証拠の破棄（spoliation）と解されるおそれがある[28]。証拠の破棄と解されると、強制的開示の命令のほか、懲罰的賠償や侮辱罪などの厳しい制裁を科されることもあるため、証拠保全のプロセス（リティゲーション・ホールド）が非常に重要となる。

当事者の法務担当者は、訴訟提起が合理的に予測された時点で、直ちに社

27 Micron Technology, Inc. v. Rambus Inc., 645 F.3d 1311 (Fed. Cir. 2011)

28 Board of Regents of the Univ. of Nebraska v. BASF Corp., Case No. 4:04CV3356, 2007 WL 3342423 at 4-5 (D. Neb., Nov. 5, 2007)

内関係者に対して訴訟に関連するすべての証拠を保全するよう書面で通知する。この際、特に気をつけなければならないのが、電子メールの自動削除機能の停止である。カリフォルニア州北部地区連邦地方裁判所は、サムスンが、アップル社との訴訟において、アップル社からの警告状を受け取った後に、電子メールの自動削除機能の停止を怠ったことは証拠の破棄にあたるとして、陪審員への説示（jury instruction）において、サムスンの証拠の破棄によりアップル社に有利な証拠が破棄されたと推測することを妨げないと説明した[29]。かかる事態を防ぐために、電子メールの自動削除機能は直ちに停止すべきである。さらに、電子メールデータについてバックアップをとり、一体的に証拠保全を行ったことを証明できるよう準備しておく[30]。特に交渉担当者など重要な証拠を保有していると思われる人物については、パソコンごと保管しておくことも考えられる。

(ii)　秘匿特権

当事者は、秘匿特権が認められる文書等については、ディスカバリーにおいても、相手方に開示する義務を負わない。したがって、秘匿特権を戦略的に活用することが重要となる。

秘匿特権は、①弁護士・依頼者間秘匿特権（Attorney-Client Privilege）と②ワークプロダクト（Work Product）に認められる。

①　弁護士・依頼者間秘匿特権（Attorney-Client Privilege）

弁護士・依頼者間秘匿特権は、弁護士と依頼者との間の率直なコミュニケーションを保護する趣旨のものであり、特権を有する者と依頼者との間で依頼者のための法的助言を取得または提供する目的でなされた秘密性を有するコミュニケーションに対して認められる。特権を有するのは、原則的には米国法弁護士であるが、日本の弁護士や弁理士に対しても特権を認めた裁判例が

29 Apple v. Samsung Electronics Co, LTD, Case No,: C-11-1846 LHK (PSG), Slip Op. (N.D. Cal July 25, 2012)

30 岸本・前掲書（注20）138頁。

ある[31]。コミュニケーションは法的助言を取得または提供する目的でなされたものである必要があるので、ビジネス上の会話は含まれない。そのため、特に社内弁護士の場合には、ビジネス上の会話と区別する必要がある。

また、秘匿特権は、（当事者により）放棄されたとみなされる場合があるため注意が必要である。たとえば、弁護士・依頼者以外の第三者が同席した場での発言には秘匿性は認められない（ただし、会議を可能にするために不可欠な専門家、弁護士の法的助言を補助する秘書、補助職員等は、第三者にあたらない）。したがって、チームを過剰に増員して弁護士・依頼者以外の者をコミュニケーションに含めないようにする。ディスカバリーベンダーや仲介者はコミュニケーションには含めず、弁護士と直接やりとりしたほうがよい。

また、当事者が、弁護士・依頼者間秘匿特権の保護対象となる資料を自発的に第三者に開示した場合には、同じ対象事項に関連するコミュニケーション「すべて」について特権を放棄したものと解されてしまう。たとえば、秘匿特権の保護対象となっていた１通の電子メールを第三者に自発的に開示した場合、当該電子メールと同じトピックのコミュニケーションが放棄の対象となってしまうため注意を要する（当該電子メールと件名を共通にする電子メールはもちろん、その他の資料であっても対象事項が同じであればすべてを放棄したことになってしまう）。

② ワークプロダクト（Work Product）

ワークプロダクトは、訴訟戦略の構築など訴訟の準備を適切に行うことができるよう、当事者や弁護士等が訴訟のために作成した資料を保護する趣旨のものであり、当事者や弁護士その他の関係者が訴訟のために作成した文書および有体物であって、裁判所が、訴訟において必要性が高く、かつ、他の手段では同等のものを入手するのが困難であると判断したものでないものをいう。

---

31 日本の弁理士に秘匿特権が認められた例として、Eisai Ltd. v. Dr. Reddy's Laboratories, Inc., 406 F. Supp. 2d 341 (S.D.N.Y. 2005)

弁護士のほか、依頼者のコンサルタント、保証人、保険会社またはその代理人によって作成された文書等についても適用される。ただし、絶対的に秘匿特権による保護が認められるわけではなく、相手方当事者が、相当の必要性と、他の手段によっては実質的に同等の情報を入手することが過度に困難であることを立証すれば、開示を拒絶できない点で、弁護士・依頼者間秘匿特権と異なる。

弁護士・依頼者間秘匿特権と同様、第三者に開示したものは秘匿特権が放棄されたものとみなされるから、共同被告または親会社などと弁護士作成の資料を共有したい場合には、あらかじめ共同防御契約（Joint Defense Agreement）を締結して契約の当事者間に共通の利益（Common Interest）があり、資料の共有を行う可能性があるが秘匿特権を放棄したものではないことを明確にしておく必要がある。

③　コミュニケーションの際の注意

以上のような秘匿特権の保護が受けられるように、日頃から、電子メールの件名や本文に「Privileged and Confidential」、「Work Product」といった文言を入れておくと、ディスカバリーの際に選別しやすい。これらの記載がないからといって、弁護士・依頼者間秘匿特権やワークプロダクトの要件を満たさないわけではないが、大量の文書や電子メール等の中から資料を判別する際に、誤って開示してしまうことを防止するため、これらの記載を付しておいたほうがよい。また、万が一秘匿特権が認められなかった場合に備えて、自己に不利な内容を含むときは書面に残さないように留意することも重要である。

⑶　中国での裁判

ア　管　轄

中国では契約紛争が原因となる訴訟は、被告の住所地または契約履行地の人民法院が管轄権を有する（中国民事訴訟法23条）。権利侵害行為が原因となる訴訟は、権利侵害の行為地または被告の住所地の人民法院に管轄権がある（同法23条）。なお、特許（実用新案、意匠も含む）権侵害行為による訴訟は、

「最高人民法院による特許紛争案件審理の法律適用問題に関する若干規定」により、「権利侵害行為地または被告住所所在地の人民法院」が管轄権を有する。権利侵害行為地には、発明特許権、実用新型特許権の侵害を訴えられる製品の製造、使用、販売許諾、販売、輸入などの行為の実施地、特許方法使用行為の実施地、当該特許方法により直接取得した製品の使用、販売許諾、販売、輸入などの行為の実施地、意匠権製品の製造、販売、輸入などの行為の実施地、他人特許の詐称行為の実施地、上記権利侵害行為の権利侵害による結果の発生地が含まれる。

中国の司法制度は二審制である。基層・中級・高級・最高の４つの階層がある。重大な渉外事件は、中級人民法院が第一審となる。特許権侵害訴訟を含む一部の知財関連訴訟の第一審は、知的財産権法院または中級人民法院が管轄権を有する。中国で特許権侵害紛争に直面した特許権者は、権利侵害の実施地と権利侵害結果の発生地の知的財産権法院・中級人民法院の中から自ら管轄法院を選択して提訴することができる。したがって、提訴裁判所については現地の社会、経済、司法状況に精通した専門家らと十分に協議をして選択する必要がある。

イ　手続および注意点

中国の訴訟において証拠資料として提出するためには、すべて公証人による公証手続を経る必要があるので、証拠の作成に多大な労力と時間を要し、提出機会を逸し結果として不利な判断を得るというケースが散見される。この点について人民法院も相応の対応をしており、たとえば、近時の江蘇省高級人民法院において長編ネットゲームの著作権改編権の侵害が争われた事件では、裁判所においてゲームソフトのリソースバンクをリバースコンパイルする等の方法によりプログラムを解析し、中身の内容を抽出して原作と比較するという科学的手法が採用された（印刷および考証は不要）。しかし、すべての事案においてこのような方法が採用されるとは限らないので、証拠の収集、管理については事前に十分な留意を要する。

2 仲　裁

仲裁手続は、適用される仲裁法・仲裁規則により異なり、当事者や仲裁廷の判断により柔軟に変更されることも多いが、一般的には、以下のような流れで進行する。

⑴　仲裁申立て準備

仲裁の申立てにあたって、申立人は、申立書には、訴訟でいうところの請求の趣旨・請求原因のほかに、仲裁の合意の存在をその根拠となる契約等とともに、仲裁地、仲裁人の数、使用言語等を記載する。また、申立書において、自己の指名する仲裁人の所属や連絡先などの情報、あるいは、仲裁人の属性や資質（専門性や対応可能言語等）などの希望を記載することもある[32]。

そこで、仲裁を行うことになった場合には、早期に、自己の代理人を選任するとともに、仲裁人および専門家証人を確保すべきである。

代理人については、日本では、2020年5月に、外国人弁護士特別措置法（以下、「外弁法」という）の改正がなされ、外国法事務弁護士の要件が緩和されるとともに（外国法事務弁護士の資格取得に必要な外国での実務経験の年数を2年から1年に短縮）、外国法事務弁護士が代理できる国際仲裁事件の範囲が拡大された。これによって、当事者全部が国内に本店等がある場合でも、当事者や準拠法等について外国との一定の関連性がある場合には「国際仲裁事件」として日本での代理が可能とされた（外弁法2条11号、5条の3第2号）。外国においても、外国の弁護士が仲裁を代理できるか否かに関し、規制がある可能性があるため、当該仲裁において代理人となることができる代理人を選定する必要がある。

仲裁人の指名ないし推薦を行う際の考慮要素としては、専門家としての資質はもちろん、国籍も重要な考慮要素となる。仲裁判断の中立性を維持するため、単独の仲裁人または仲裁人の長は、当事者の国籍以外の者でなければならないとする国籍要件が多くの仲裁機関の仲裁規則において定められてい

32 谷口＝鈴木・前掲書（注10）142頁。

る[33]。その場合、当事者としては、当事者以外の国の専門家を仲裁人に指名ないし推薦する必要があるが、たとえば、契約の解釈が問題になるような事案では、当該契約の準拠法と同一の法体系の専門家（たとえば、日本法を準拠法とする契約の解釈が問題となる事案では、韓国等、日本と同様に、シビルロー（制定法）国出身の専門家）を指名・推薦することが望ましい。また、迅速な紛争解決のためには、仲裁人のスケジュールが確保できることも重要な考慮要素とされる[34]。

専門家はかなり限定されることが多いため、仲裁人の指名・推薦とあわせて、自己の主張を裏付ける意見を述べてもらえる専門家証人も早期に確保しておくべきである。

⑵　仲裁申立て

申立書の提出場所は、各仲裁機関の規則により定められている。たとえば、ICC 仲裁の場合には、仲裁申立書は、パリ、香港またはニューヨークの事務局に対し、ハードコピーを提出ないし送付することとされている[35]。

また、申立人は、申立てに伴って、仲裁機関に申立費用（管理費用）を納付する必要がある。この支払いをもって、仲裁機関は、申立書を相手方に送付し、答弁を求めることになる。なお、裁判と異なり、申立書の相手方当事者への送付に関しては、民事または商事に関する裁判上および裁判外の文書の外国における送達および告知に関する条約（ハーグ条約）の適用はない。

⑶　答弁書・反対請求の提出

被申立人は、申立書受領後、一定期間内に答弁書を提出する。

ICC 仲裁においては、仲裁廷は、当事者から一件記録を受領してから２か月以内に、仲裁廷が付託事項書（Terms of Reference）を作成し、当事者双

33　たとえば、ICC 規則 13 条５項等
34　谷口＝鈴木・前掲書（注 10）168 頁。
35　ICC 規則４条１項。ICC は、日本にも事務局を有するが、申立書の提出先については、上記の事務局に限定されている。また、提出先は仲裁地とは限らない。

方に示して、当事者の署名を得ることになっている[36]。付託事項書には、当事者の主張の概要のほか、争点についても明示されることになっており、ここでの整理が当事者間での紛争解決に資することも多いようである[37]。

⑷　仲裁人の選任（仲裁廷の組成）

仲裁人は、原則として当事者間の合意によって選任され、一定期間に合意できないときは、仲裁機関が仲裁人を選任する[38]。

⑸　手続準備会合

仲裁廷が成立すると、手続準備のための会合（procedural conference）が開かれ、争点整理と手続終結までのスケジュール調整がなされる。この結果は、通常、仲裁廷から命令（procedural order）として文書化される。

⑹　双方の主張書面および証拠の提出

主張書面の提出回数は、事案により異なるが、数か月の間隔を開けて相互に提出し、２往復とされることが多い[39]。書証としては、専門家の意見書が提出されることが多い。特に、専門家が限定されることが予想される分野では、専門家を早くから確保しておくことが望ましい。

⑺　文書開示手続

仲裁廷の判断により、審理の過程で、文書開示手続が実施されることがある。これは、一方当事者が相手方当事者に対し、一定の文書の開示を求め、相手方当事者がそれに応じて自身の有する文書を他方当事者に開示することを拒絶した場合には、仲裁廷が最終的に開示義務の有無や範囲について決定する手続である。仲裁廷にもよるが、仲裁における文書開示手続は、一般に、開示を要求できる範囲は、米国のディスカバリーより限定的である[40]。

---

36 ICC 仲裁規則 23 条

37 ICC「仲裁手続に関する一般的なご質問」〈http://www.iccjapan.org/icc-japan/qa.php〉【質問 1·3】

38 日本の仲裁法は、裁判所が選任すると定める（仲裁法 17 条）。

39 前田葉子「知っておきたい国際仲裁～海外ビジネストラブルへの身近な備え～第４回仲裁の流れ」NBL1194 号（2021 年）50 頁。

40 豊島ひろ江「知っておきたい国際仲裁～海外ビジネストラブルへの身近な備え～第５回仲裁審理のポイント」NBL1195 号（2021 年）78 頁。

⑻　審問期日（ヒアリング）

審問期日においては、当事者双方から争点や立証内容についての説明（Opening）がなされ、さらに、仲裁廷や案件の性質により、証人尋問が行われる。その場合には、1 週間～数週間かけて証人尋問が行われることもある。従来は、証人が当事者双方の立会いの下、仲裁人による証人尋問がされることが多かったが、2020 年から 2021 年の新型コロナウィルスの世界的流行により、オンラインで尋問が行われることも多くなっている。

尋問後に、当事者による最終弁論（Closing）や質疑応答がなされることもある。

⑼　最終主張書面

証人尋問を含む証拠調べが終わると、当事者には、証拠調べの結果を踏まえて当事者双方が最終主張書面を提出する機会が与えられる。

⑽　仲裁判断

以上を踏まえて仲裁人により仲裁判断が示される。仲裁規則により、仲裁判断は、仲裁の開始からおおむね 1 年以内になされるよう規則上限定されている場合が多い[41]。ただし、請求金額によって、簡易で迅速的な仲裁手続を設けている仲裁機関もあり、それによれば、数か月で仲裁判断がなされることもある[42]。

仲裁判断においては、少数意見（dissenting opinion）が付されることがあるが[43]、不利な判断を得た当事者が少数意見に基づき、仲裁判断の取消しを申し立てるなどして、紛争の蒸し返しの原因になる可能性もある。また、仲

---

41 ICC においては、付託事項書の署名から６か月以内に（ICC 仲裁規則 31 条）、JCAA においては、仲裁廷の成立から９か月以内に、仲裁判断がなされるよう規定されている。

42 JCAA においては、請求金額が３億円以下であるか当事者が合意した事件については、書面審理の原則が採用され、仲裁廷は、仲裁廷の成立から６か月以内（5000 万円未満の場合には３か月）で仲裁判断が出されるように努めることになっている（迅速仲裁手続。JCAA 規則 83 条～ 90 条）。

43 中国国際経済貿易仲裁委員会（CIETAC）規則 49 条、投資紛争解決国際センター（ICSID）規則 47 条、CPR Institute for Dispute（Resolution2019 Administered Arbitration Rules）規則 15.3 条等において認められているが、一般的にはコモンローの国に多い。

裁人の報酬はタイムチャージベースで算定されるため、少数意見が作成されれば、その分の費用もかかる。そのため、少数意見の作成を禁止している仲裁機関もある[44]。

⑾　仲裁判断の取消し・無効

仲裁判断は、終局判断となり、ニューヨーク条約に基づき執行可能である。

他方で、わが国の仲裁法は、当事者が裁判所に対して仲裁判断の取消しの申立てを行うことを認めている（仲裁法44条）。これは、仲裁判断の上訴ではなく、審理のやり直しを認めるものではない[45]。裁判所は、当該仲裁廷に仲裁判断をなすための最低限の要件（仲裁合意が有効か、仲裁判断が公序良俗に反するか等）が備わっていたかのみを判断する。たとえば、仲裁人の長が以前に当事者の関連会社の訴訟代理人を務めていたことを開示せずに仲裁判断を行ったことは、仲裁法18条4項の開示義務違反にあたり、仲裁手続が日本の法令に反するものであるとする仲裁法44条1項6号の取消事由に該当するか争われた事案がある[46]。

また、形式、内容等からみて著しく不当な判断については、取り消すまでもなく、当然に無効とされる場合もあるとされる[47]。しかし、このように解釈されることは非常にまれであろう。

44 JCAA規則63条

45 東京高判平成30年8月1日判時2415号24頁。

46 最決平成29年12月12日民集71巻10号2106頁。最高裁判所は、仲裁法18条4項の開示義務違反に該当するというためには、「自己の公正性又は独立性に疑いを生じさせるおそれのある事実」について、仲裁手続が終了する前までに仲裁人が認識していたか、合理的な範囲の調査により通常判明し得たことが必要であるとし、これについて判断することなく開示義務違反を認めた原審には明らかな法令違反があるとして原審を破棄差し戻した。

47 大塚章男『国際取引における準拠法・裁判管轄・仲裁の基礎知識』（中央経済社、2019年）181頁。

第3章 取引先以外の外国企業等とのトラブル

Ⅰ　海外企業による模倣品・海賊版のトラブル

模倣品・海賊版の被害への対応手段として、まず現物である模倣品・海賊版についての調査・証拠収集（現物の特定、加害者および加害行為の特定等）を行い、その国において対象物について権利行使するための権利を自社が有しているか、法的な権利主張が可能かどうかを確認・検討する。そして、それらに基づく検討結果を踏まえ、とるべき対策を決定する。

第２編第３章でも説明したが、何よりも自社の真正品に関する特許権、商標権は出願・登録しておくことが権利行使の前提となる。実際に模倣品被害にあった場合には自社製品に関して登録している権利を確認することになる。また、著作権については事前に権利登録をしていれば特許権等と同様にその内容を確認することになる。他方で、権利登録をしていない場合には、著作権が自社に帰属していることや著作物性（著作権法の著作物に該当すること）があることを立証できるように準備することが大切である。加えて、国によっては不正競争防止法や製品品質法で解決を図ることも検討する。

加害者および行為を特定するためには、市場で対象製品を購入することも検討に値する。特に、中国においては、後に侵害の事実を立証するために公証認証の手続を付すことを検討すべきである[48]。自社のみで情報を収集する

48 公証を取得していない証拠も、人民法院裁判所に提出はできるものの、信用度が低く、採用されない場合があり得る。そこで、中国国内で入手した証拠であっても、人民法院に提出するものには、中国の公証を取得しておくことが望ましい。

のが困難な場合や現地でとるべき手続がわからない場合は、必要に応じて現地の調査会社や法律事務所に依頼することも検討するべきである。

中国においては、主に①摘発、②行政法執行、③民事訴訟、④警告状送付、⑤税関差止め等の出口戦略を念頭におくべきである。①摘発とは、公権力が模倣品・海賊版の製造や販売の現場に立ち入り、押収し、模倣品業者に処罰を科す行為である。行政摘発は費用が低額で、時間がかからず処罰が下るものの、処罰が軽いという特徴がある。また、権利侵害の存在を証明する証拠についての要求が訴訟よりも軽く、告発により誰でも開始させることができる。ただし、損害賠償を請求することはできない。なお、行政摘発以外に刑事摘発があるが、これは処罰が重い分、費用が高額で時間もかかる。②行政法執行では、特許権（日本の意匠権を含む）侵害行為を簡易・迅速に差し止めることができる制度であり、中国独自の制度である。裁判所ではなく、国家知識産権局が審理し、所要期間は通常３か月から半年程度と短期である。差止めが認められているものの、損害賠償を請求することはできず、罰金制度も存在しない。③民事訴訟は日本と同じく訴訟当事者の主張・立証に基づき、裁判所が審理を行うものであり、中国においては年々知的財産訴訟の件数が増えてきており、また、外資系企業が被告となる事件件数も増加傾向にある。裁判官の質に地域差があり、証拠の提出のための要件が厳格な点に留意する必要がある。訴訟の所要期間は１年程度であり、差止めに加えて損害賠償請求も可能である。損害賠償を請求したい場合や事案が複雑な場合には行政法執行ではなく民事訴訟を選択することが有効である。④警告状の送付は、最もコストがかからない方法である。警告状自体が訴訟の証拠になり、また、時効の更新（時効の中断）のために一定の意味がある。しかし、模倣品業者は模倣の認識があり、また零細企業が多く、場所や名義を変更して模倣行為を継続する可能性が高い等、警告状では、根本的な解決に結びつかないこともある。したがってコストをかけられず何らかの対応が必要な場合には検討に値する方法である。⑤税関の差止めには、税関が税関登録済みの知的財産権に対する侵害を発見した場合に権利者に通知し、権利者の申請を経て実施される「職権による差止め手続」と、知的財産権者が被疑侵害品を発見し、税関へ差止めを請求した場合に実施される「請求による差止め手続」がある。税関総署に知的財産権の登録をしておけば、侵害品の差止めの申請を簡略化できる。

Ⅱ　海外の企業や個人による商標権の冒認（横取り）

冒認商標への対策としては、何よりもまず、早期のタイミングで冒認出願をみつけ出すことである。第２編で述べたとおり、現地での出願商標を定期的にウォッチし、権利者の登録商標と同一・類似の商標を洗い出し、次に、冒認出願人について調査をすることが大切である。インターネットや現地での調査により、相手方の実態や冒認商標の使用状況等について最新の状況を把握していくことがポイントである。

冒認商標についての調査が終わったら、異議申立て・無効審判、不使用取消しの方法により冒認商標を無効化できないかを検討することになる。無効化できない場合には、自社の商品やサービスの名称変更を行うことで当該商標権の侵害となる事態を回避するか、当該商標について買い取りかライセンス取得の交渉をもちかけることが考えられる。

中国における無効審判は原則として登録５年以内であれば申請が可能である。不使用取消しについて、取消しの対象となる商標登録の不使用の期間は３年間であり、申請は誰でも可能である。商標権等の先行権利の有無、冒認商標と先行権利の類似度、先行権利の知名度、冒認者の悪意性等が考慮される。これらが奏功しない場合の対策として、当該商標について買い取るかライセンスを取得する交渉をもちかける場合、外資系企業に対しては、価格を吊り上げられる可能性が高い。そのため、交渉のアプローチについては現地の専門家と相談して決定すべきである[49]。

Ⅲ　パテント・トロールとのトラブル

パテント・トロールとのトラブルに対する出口戦略についてであるが、そもそも多種多様なパテント・トロールが存在するため、画一的な対策があるわけではない。パテント・トロールに対する一般的な対策を理解しつつ、実際にはケースバイケースで対応することが求められる。

まず、大切なことは、第２編第３章で述べたパテント・トロールの性質を踏まえると、米国において権利行使を受けた場合には、戦う姿勢を示すことである。安易に和解に応じる姿勢をみせると、アプローチをしてきたパテント・トロールのみならず、今後、他のパテント・トロールからの権利行使の標的になってしまう結果になりかねない。また、パテント・トロールに関する情報を収集することが重要である。多種多様なパテント・トロールが存在する中で、過去に別の会社の攻撃実績があるパテント・トロールであれば、そのときの訴訟経緯や結果が参考になるし、また、特段狙いを定めず少しでも技術的に関係のありそうな企業に警告状を送りつけるような主体であれば、パテント・トロールに習熟した弁護士が何かしらの情報をもっている可能性が高い。また、パテント・トロールがどの程度の資金力を有しているかも参考になる。パテント・トロールが保有するパテントポートフォリオの内容と各特許の有効性と攻撃の対象となっている自社の製品サービス等からして、早期かつパテント・トロールへの支払いなしに解決することが困難であると判断される案件においては、具体的にどの程度の金額を獲得したいのかという相手の意図を読み解くことも重要である。相手の請求額を聞き出し、

---

49 分部悠介「中小企業のための海外模倣品・侵害対策セミナー『中国での模倣品・侵害対策について』（2021 年８月６日）」〈https://www.jetro.go.jp/ext_images/biz/seminar/2021/dba6eacfc7788d2d/20210806_1.pdf〉58 頁。

その後、より金額を下げさせる交渉を行うことが功を奏することもあるだろう。相手の特許を無効化する根拠があるときなど、相手がまさにそのまま交渉を継続することがリスクであると判断するようなときは要求金額を下げさせる好機であり、そのようなタイミングを逃さないように、相手の意図について把握しておくとよい。さらに、パテント・トロールから早期にクレームチャート[50]を入手するのがポイントである。クレームチャートの内容を特許法に詳しい弁護士がみれば、パテント・トロールがどれだけ緻密な分析をしているかがわかり、今後の攻撃防御の見通しも立つ。一般的には、緻密な分析を行っていない場合にはできるだけ簡易に片づけたいという相手の真意が予測できる。クレームチャートを入手できないとしても、当該事案においてなぜ侵害と考えているのか、という根拠は明らかにさせるべきである。このような序盤での対応、すなわち、パテント・トロールが接触してきた時の対応については、経験豊富な弁護士に相談をするとスムーズに戦略を立てることが可能である。なお、米国においては、何らかの訴訟に巻き込まれる可能性が生じた際には、関連する資料の保全義務が生じ（リティゲーション・ホールド）、違反した場合には、証拠隠滅行為として制裁の対象となる可能性がある。パテント・トロール対応においても、どの時点から保全義務が生じるか判断が難しい場合、この点も弁護士に相談するとよい。

訴訟に発展した場合の対応については早期に弁護士を選任して相談のうえ手続を進めていくべきであるが、初動時における一般的な留意点をあげておくと次のとおりである。まず訴状の記載において、侵害主張を裏付ける詳細な事実説明がない場合には、訴え却下の申立てが可能かどうか、また、訴訟が原告側に有利な裁判地に提起された場合には、被告に有利な裁判所（訴訟進行が遅い、外国企業でも不利でない裁判所）への移送ができないかどうか検討するべきである。

また、USTPOにおける特許付与後異議申立て（IPR）を行い、特許が無

50 特許の内容と対象製品の内容を表形式で対応させたもの。

効になる可能性があること、また、その手続のために時間を要することなどで相手にプレッシャーをかけることも検討するべきである。

Ⅳ　職務発明に関するトラブル

1　中国における職務発明に関するトラブル

従業員の行った発明を職務発明として自社に権利帰属させることの対価として従業員に奨励金や報酬を支払う場合、その対価の妥当性をめぐり問題となることがある。この場合、中国専利法（特許法）においては、当事者間の合意が優先することになっているため、まずは自社と職務発明をなした従業員との間に適用される職務発明規程に沿って、自社としてすでに必要な奨励金や報酬を支払っているかを確認するべきである。また、このような対価を支払う前提として、そもそも対価を要求する相手方が本当に職務発明を行った発明者に該当するか（ほかに発明者ないし共同発明者がいないか）を検討することも大切である。

職務発明をめぐる紛争として、自社の従業員や元従業員が自社の職務活動において得たであろう知見を利用して、独立・転職し、新しい職場から特許出願等を行う場合がある。中国法上の職務発明に該当するためには、「所属単位（すなわち事業体）の任務を遂行すること」が条件とされているが、これには、「定年退職、旧所属単位からの配置転換後または労働、人事関係の終了後1年以内に行った、旧所属単位で担当していた本来の職務または旧所属単位から与えられた任務と関連のある発明創造」が含まれる（中国専利法実施細則12条1項）。したがって、このような期間の上限があるものの、元従業員による特許出願に対しても自社の職務発明であることを主張できないか、検討するべきである。

なお、最高人民法院知財法院が発表した「2020年に結審した知財典型判例55」には、社員が元の所属会社から転職して1年以内につくった元の所属会社で担当した仕事内容にかかわる発明創造の権利帰属が争われた案件において、転職後「1年以内につくった元の所属会社で担当した仕事内容にかかわる発明創造は、元の所属会社の職務発明創造であり、その特許出願権と特許権は元の所属会社に帰属する」とした判例が選出されている（2019最高法知民799号）。引き抜きや転職の多い中国市場において注目を集める判決となっている。

中国における職務発明に関する法制や発明者の一般的な傾向について、日本とは異なる部分もあるため、トラブルが生じた場合には現地の代理人に速やかに依頼し、適切な対応を検討するべきである。

2　米国における職務発明に関するトラブル

米国においても自社の元従業員が自社の職務活動において得たであろう知見を利用して、独立・転職し、新しい職場から特許出願等を行い、当該権利に基づき自社にライセンスを受けるように請求してくる可能性は否定できない。

自社は自由に当該知見や成果を利用できるとして、このような請求を企業が拒んだ場合には紛争に発展する可能性がある。その場合には、雇用契約や特許権譲渡契約により、職務中に行った発明を会社に譲渡することが明示されているかどうかを判断することになる。この主張と並行して、当該発明を行うために当該従業員を雇用していたという点の主張・立証もあわせて検討する。

上記の方法でも、元従業員の請求を拒めない場合には、いわゆるショップライトの抗弁を主張できないかを検討するべきである[51]。すなわち、使用者は、給与の支払いや材料・道具・作業場所の提供などで職務発明に貢献していたとして「職務発明に対する権利」を有することがあり、これには、従業者が、対価を要求することなく使用者が発明を使用することに同意したり、黙認したり、促したり、または補助するなどの従業者の挙動が含まれるとさ

51　ワシントン大学ロースクール先端知的財産研究センター『国際知的財産紛争処理の法律相談』（青林書院、2006年）435頁。

れている。ショップライトが認められた場合には、使用者は従業員に対価を支払うことなく、特許に係る発明品を自社の施設の運営のために非独占的に使用したり、または外部の請負業者に特許の実施品を製造させたりすることができる[52]。

なお、発明者が誰であるかは連邦特許法により判断されるが、特許権の帰属等に関する事項については各州の州法によって判断されるため、事案・州法ごとに内容が異なり得る点に留意されたい。適切な早期紛争解決のためにも現地の専門家に相談することが望ましい。

Ⅴ　秘密情報の流出

1　中国における秘密情報の流出

(1)　法的措置[53]

中国では、営業秘密侵害行為に対して、民事的救済、行政処罰および刑事制裁の３つの手段をとり得る。

民事的救済とは、営業秘密侵害者に対して、民事訴訟を提起して、侵害行為の差止めと損害賠償を求める救済手段である。損害賠償を請求する場合、その額は、以下の①～③を基準に、その順序に従って算定される（反不正当競争法17条）。

①　権利侵害行為によって被った実際の損害に基づき算定

②　侵害者が権利侵害行為によって得た利益に基づき算定

③　権利侵害行為の情状に基づき、500万元以下の賠償額を算定

52 特許庁「我が国、諸外国における職務発明に関する調査研究報告書（平成25年３月）」〈https://www.jpo.go.jp/resources/report/takoku/document/syokumu_hatsumei/syokumu_hatsumei.pdf〉38頁。

53 独立行政法人日本貿易振興機構上海事務所「中国における営業秘密管理マニュアル（2020年3月）」〈https://www.meti.go.jp/policy/economy/chizai/chiteki/besshireiwa.pdf〉９頁。

実際の訴訟では、①、②の証拠に基づく立証が一般的に困難であるために、③の法定賠償方式により算定されるケースが多い。なお、上記①、②の算定方法による場合において、侵害行為が悪意で実施され、情状が重大である場合は、これらの基準で算定される金額の１倍以上５倍以下で賠償額を確定することができる、いわゆる「懲罰的賠償制度」が適用される可能性もある。

行政処罰は、日本にはない制度であり、侵害行為の停止命令、違法所得の没収、過料が科され得る。なお、行政摘発後に、侵害者に対して民事訴訟を提起することもできる。また、被害規模等に応じて、行政機関の判断で、刑事制裁の対象として刑事手続に移送されることもある。

刑事制裁は、公安当局による刑事摘発の後、起訴されると刑事訴訟に移行し、有罪判決が確定すれば、刑事罰による制裁を侵害者に科す法的措置である。営業秘密の権利者に重大な損害（50万元以上）を生じさせた場合は、３年以下の懲役、罰金であり、営業秘密の権利者に特に重大な損害（250万元以上）を生じた場合は、３年以上７年以下の懲役、罰金が科される。

⑵　初期対応

中国において、自社の営業秘密の漏えいが疑われる事態が発覚したら、原則として以下の対応をとることを検討するべきである。

・開示・漏えいした主体には極秘裏に、必要な調査を実施し、営業秘密侵害の事実を主張・立証するために必要な証拠を確保する。

・自社のみの調査では、能力に限界がある場合、必要に応じて、専門調査会社を利用して調査・証拠収集を行うことも検討する。

・営業秘密が不正開示・漏えいされた場合に、自社、取引先・関係先への影響を確認・検討する。

・技術情報に該当する営業秘密が漏えいした場合に、被疑主体による特許権等の出願がなされていないかを確認する。また、並行して自社において漏えいした事実を用いて特許出願等をしていないかを確認する。

・上記の事項について、自社の法的判断の限界を感じたら、法律事務所などの外部の専門家に早期に相談する。

⑶　技術的な情報の漏えいの場合

相手が営業秘密を不正利用して特許出願済みの場合がある。そうした場合、①当該特許権を自社が取り戻すこと、共同出願になること等ができないか検討し、できない場合には②取り下げさせること、難しければ無効化することができないかを検討する。②も奏功しない場合には、③成立してしまった自社の営業秘密を利用した特許権により自社や自己の顧客の製品・行為等が当該特許権等の侵害にならないような回避の手立て（設計回避や先使用権の成立の検討）がないかを検討する。

⑷　小　括

国外であっても基本的には、漏えい時の対応については相違ないが、特に「中国における営業秘密管理マニュアル」においては、営業秘密侵害についてフロー〔図表 9〕で整理されており、参考になる[54]。

〔図表 9〕　営業秘密侵害に対する対応フロー

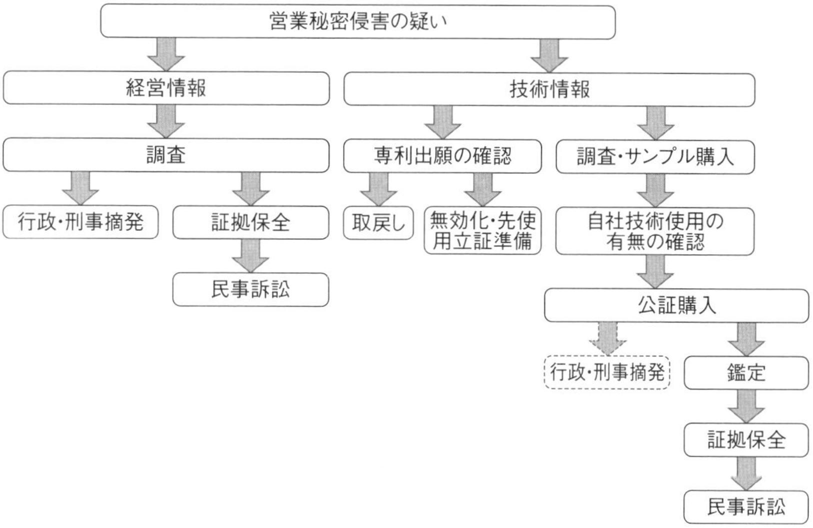

54　独立行政法人日本貿易振興機構上海事務所・前掲資料（注 53）55 頁、分部悠介「中国における営業秘密漏えいの実態、及びこれに対する効果的な対応方策」〈https://www.ipa.go.jp/files/000043950.pdf〉39 頁。

2　米国における秘密情報の流出

米国では、営業秘密侵害行為に対してとりうる法的手段は、UTSA（統一営業秘密法）を採用する各州における制定法に基づいて被害者が州裁判所に民事上の救済を求めること、DSTA（連邦営業秘密法）に基づいて被害者が連邦裁判所に民事上の救済を求めること、EEA（連邦経済スパイ法）に基づく刑事的訴追がある。

もっとも、まずは自社の営業秘密の漏えいが疑われる事態が発生した場合には、上記1⑵で説明したとおり中国のケースと同じく初動対応を速やかに行うことが重要である。

加害者を提訴する準備ができるとき、またはその方針を検討するにあたって、DSTAに基づいて連邦裁判所に提訴するか、USTAを採択した州法に基づいて州裁判所に提訴するかについては、以下の点を考慮しつつ、現地代理人からのアドバイスを踏まえて判断する。

DTSAに基づく請求は、連邦裁判所で提訴する必要があるのに対して、州法に基づく請求は、州裁判所だけでなく州籍相違等に基づき、連邦裁判所に提訴することも可能である。また、DTSAには、営業秘密を回復するために一方差押手続（裁判所が、不正利用を行おうとする者への営業秘密の差押えを命じる措置）が認められている[55]。これは、不正な手段によって営業秘密が不正利用された場合に、営業秘密の保有者が当該営業秘密の流布、拡散を即座に防止するため、裁判所に対し、自己の申立てのみに基づいて必要な対象財産の差押えを求めることができる制度である[56]。ただし、この差押えが認められるための要件は厳格であり、すべてのケースで差押えが認められるということではない。

---

55 18US. Code§1836（b）（2）参照

56 山根崇邦「アメリカ営業秘密の保護（3・完）：連邦営業秘密防衛法（DTSA）の運用実態と日本の営業秘密訴訟との比較」知的財産法政学研究59巻（2021年）7頁。

3　準拠法・国際裁判管轄（日本で取得された情報が海外で開示・漏えいされた場合）

日本で不正取得された秘密情報が、日本国外で開示・漏えいされた場合には、当該開示・漏えい主体に対してどの国の法律に基づきどの国の裁判所に提訴すればよいのか、準拠法と国際裁判管轄を検討する必要がある。

⑴　準拠法

不正競争行為については、差止請求、損害賠償請求ともに通則法17条の不法行為の問題として性質決定することが日本の裁判例においても採用されている。同条は「不法行為によって生ずる債権の成立及び効力は、加害行為の結果が発生した地の法による。ただし、その地における結果の発生が通常予見することのできないものであったときは、加害行為が行われた地の法による」とされている。営業秘密侵害における結果発生地については、定説はなく、①秘密管理体制の侵害をもって法益侵害であるととらえ、侵害された秘密管理体制の所在地を結果発生地とする見解、②営業秘密の使用や漏えいが行われた地をもって結果発生地とする見解、③営業秘密の漏えいや使用によって被害企業が事業利益を喪失する市場地をもって結果発生地とする見解、④営業秘密を保有する被害企業の主たる営業所在地をもって結果発生地とする見解がある。どの見解が妥当かを明確に示した裁判例はなく、今後の裁判例の集積が待たれる[57]。ただし、通則法20条はかかる同法17条の例外として密接な関係地の準拠法によるとされている。そのため、不正取得が日本国内で行われ、不正使用・開示が国外で行われた場合、当該不正使用や開示が従業員との労働契約に付随する信義則義務違反に関するものである場合

57 株式会社NTTデータ経営研究所「不正競争防止法における渉外的な侵害事案等についての制度に関する調査研究報告書（令和２年３月）」〈https://www.jpo.go.jp/resources/report/sonota/document/zaisanken-seidomondai/2019_03_01.pdf〉が、知的財産侵害に係る訴訟戦略に資するため、問題となり得る具体的な渉外事例をあげながら、不正競争防止法等の適用の考え方（準拠法、国際裁判管轄、刑事罰の適用関係）について整理している。

等には同法20条により日本法が適用される可能性が高い[58]。

なお、被害企業が取引先や従業員に対して、不正競争防止法違反ではなく契約違反に基づいて請求を行う場合には、契約上で当事者が選択した準拠法に基づくことになる。

⑵　国際裁判管轄

日本において日本企業から不正取得された営業秘密が海外において外国企業に開示された場合に当該外国企業を被告として不正競争防止法違反で提訴する場合に、管轄を日本とすることができるかが問題になる。

民事訴訟法３条の３第８号の規定により「不法行為があった地」が日本国内である場合に、日本の裁判所の国際裁判管轄が認められるところ、「不法行為があった地」には、加害行為地および結果発生地の双方が含まれる。加害行為地とは、不法行為を構成する客観的要件が行われた地のこと、営業秘密侵害では不正取得、使用、開示が行われた地のことをいう。結果発生地とは、加害行為による直接の法益侵害の結果が現実に発生した地のことをいう。また、「差し押さえることができる被告の財産が日本国内にあるとき」（同法３条の３第３号）や、当該不正行為に関与した「事業所又は営業所が日本国内にあるとき」（同法３条の３第４号）にも、日本の裁判所の国際裁判管轄が認められる。被害を受けた日本企業としては、これらの規定を根拠に日本の裁判所で提訴できるかを個別の事案ごとに検討すべきことになる。

Ⅵ　製造物責任

1　準拠法

製造物責任に関するトラブルが生じる局面においては、製造者と被害者の間に契約が存在せず、準拠法についての合意もないため、各国の裁判所にお

58 本段落について、髙谷知佐子＝上村哲史『秘密保持・競業避止・引抜きの法律相談〔改訂版〕』（青林書院、2019年）188頁。

いて適用される国際私法ルールに基づいて準拠法を定めることになる。被害者の存する国で訴訟提起がなされ、人的管轄が認められる場合には、当該国における製造物責任法が準拠法となる可能性が高い。したがって、日本国企業が製造物責任に関する紛争に巻き込まれる場合、被害者が海外にいる場合には、当該国の製造物責任に関する法令が適用される可能性が高い。このことを前提に、中国と米国における製造物責任のトラブルが生じた場合の対応について概説する。

なお、日本の裁判所で適用される国際私法である通則法では、被害者が生産物の引渡しを受けた地の法に基づいて解釈される（通則法18条）ことを原則とし、その地における引渡しが通常予見することができない場合には、製造業者等の主たる営業所の所在地の法によることとされている（同条ただし書）[59]。そのため、製造者は、日本で訴訟が起きた場合であっても、日本国外に出荷される予定の製品について、出荷先の国の製造物責任に関する規制の適用を受ける可能性が高い点に留意されたい。

2　中国における製造物責任

中国において製造物責任に関するトラブルが生じた場合には、企業（販売者であっても製造業者であっても）としては、早急な原因究明と証拠保全が必要となることは日本と同じである。すなわち、対象となった事故の発生原因、経緯や製造物の使用方法如何等、事実関係に関する調査を十分に行ったうえで、証拠関係を確保しておくことになる。裁判手続となった場合には、当該分野に経験豊富な弁護士に依頼する必要がある。

実際にトラブルが発生した場合には、事実関係の報告、必要に応じて使用方法等の注意喚起やリコール等を含む事後処理についての情報開示も必須である。さらに、消費者に対する企業のレピュテーションを毀損しないように、積極的かつ誠実に問題を解決すべきである。

---

59 飛松純一＝金丸祐子編著『海外取引の「困った」に答える企業法務の初動対応Q&A』（中央経済社、2020年）107頁。

3　米国における製造物責任

米国において、製造物責任に関するトラブルが生じた場合には、企業としては、対象となった事故の経緯や製造物の使用方法等の事実関係に関する調査を十分に行い、現地専門家のアドバイスを踏まえつつ、適用される連邦法ないし州法（およびこれらの判例法）における主張・立証を綿密に検討するべきである。被告として企業が主に主張できる、一般的な抗弁事由は以下のとおりであるが、州ごとに具体的内容や主張の可否が異なるので、まずどの州法が準拠法となるのか確認する必要がある。

①　危険の引受け

被害者が製品に欠陥が存在していることを認識しながら、あえて自発的に自分から危険に身をさらした結果、損害が生じた場合に加害者を免責する法理。

②　比較過失

日本における過失相殺と同内容であるが、過失割合に比例して賠償額を減額する効果をもつ場合等がある。厳格責任（製造者の過失の有無を問わずに製品の欠陥の存在のみを要件に賠償責任を認める法理。無過失責任）においても採用されることがあるが、各州の判断による。

③　出訴期間制限

請求として成り立つところ、被害者は、被害発生時から一定期間以内に提訴しなければならず、当該期間を超過した場合には、手続上、権利行使が制限されるというものである。各州によって内容が異なるが、通常は請求権が発生した日から２～３年である。

④　誤使用

第２次不法行為法リステイトメント402条Ａにおいて、製品の欠陥のために発生した事故であっても、製造者が本来意図した使用方法ではない誤った方法がなされた場合に加害者を免責するものであるが、その後の裁判例で、誤使用が唯一の原因ではない場合には、有効な抗弁にはならないとされている。これを受け、第３次不法行為法リステイトメントでは、これは積極的な抗弁というよりは、過失相殺に近い考慮要素となっている。

⑤　寄与過失

一般人であれば、誰でも発見できる製品の欠陥を被害者が不注意によりみすごしたことで発生した事故である場合に加害者を免責するという法理である。しかし、これは過失責任において考慮されるべき抗弁事由であり、厳格責任においては認められないと考えられている。

企業としては訴訟になった場合にどのような主張が可能であるかを検討し、関連する資料を収集することが大切である。それと同時に、販売開始後に販売・製造する製品に不具合等が発見された場合、その製品を使用する消費者に対する不具合に関するアナウンスを行うべきケースもある。被害の程度が大きい場合にはリコール（無償回収・修理）が要求される可能性があるが、自社のレピュテーションにかかわるところなので、迅速に検討し、誠実に対応するべきである（第１章Ⅳ(2)参照）。

事項索引

【さ行】

【た行】

【な行】

【は行】

【ま行】

【や行】

【ら行】

【わ行】

編者略歴

服部　誠（はっとり・まこと）

弁護士・弁理士（阿部・井窪・片山法律事務所パートナー）

（略歴）

1994 年　慶應義塾大学法学部法律学科卒業

1995 年　司法研修所入所（第 50 期）

1998 年　弁護士登録（第一東京弁護士会）、阿部・井窪・片山法律事務所入所

2001 年　期限付任用法に基づき経済産業省知的財産政策室にて勤務（課長補佐）

2002 年～　海外研修（ペンシルバニア大学ロースクール卒業（法学修士号）、マックス・プランク知的財産研究所客員研究員 等）（～ 2004 年）

2003 年　米国ニューヨーク州司法試験合格

2009 年～　日本弁護士連合会知的財産センター委員

2016 年～　神戸大学大学院法学研究科客員教授

2021 年～　日本弁護士連合会知財センター委員長

2022 年～　早稲田大学大学院法務研究科非常勤講師

（主な著書）

『情報・AI の利活用と紛争予防の法律実務』（共著。民事法研究会、2022 年）／『知財トラブルの出口戦略と予防法務』（共著。ぎょうせい、2020 年）／『第 4 次産業革命と法律実務』（共著。民事法研究会、2019 年）／『Max Plank Series on Asian Intellectual Property Law Japanese Patent Law Cases and Comments』（分担執筆。Wolters Kluwer 社、2019 年）／『医療従事者のギモンに答える！ トラブルに巻き込まれない 著作権のキホン』（南山堂、2018 年）／『知的財産権訴訟要論（不正競業・商標編）〔第 4 版〕』（共著。一般社団法人発明推進協会、2018 年）／『新・注解　特許法〔第 2 版〕上巻・下巻』（分担執筆。青林書院、2017 年）

執筆者略歴

広瀬史乃（ひろせ・しの）

弁護士（阿部・井窪・片山法律事務所パートナー）

（略歴）

1989 年　早稲田大学教育学部国語国文学科卒業

1989 年　日刊スポーツ新聞社野球部勤務（～ 1994 年）

1998 年　司法研修所入所（第 52 期）

2000 年　弁護士登録（第一東京弁護士会）、阿部・井窪・片山法律事務所入所

2006 年　中国・北京対外経済貿易大学に留学

2008 年　在中国日本国大使館に一等書記官として勤務（～ 2010 年）

牧恵美子（まき・えみこ）

弁護士（阿部・井窪・片山法律事務所パートナー）

（略歴）

2005 年　司法研修所入所（第 59 期）

2006 年　弁護士登録（第一東京弁護士会）、阿部・井窪・片山法律事務所入所

2014 年　レコード会社に出向（～ 2015 年）

2015 年～　工業所有権審議会試験委員（弁理士試験委員・意匠法担当）（～ 2019 年）

2016 年～　知的財産管理技能検定試験委員

2017 年～　総合商社に出向（～ 2018 年）

2018 年～　Kirkland & Ellis 法律事務所シカゴオフィス、Herbert Smith Freehills 法律事務所ロンドン・ミラノ・パリ・ブリュッセルオフィスにて研修（～ 2019 年）

（主な著書）

『金融機関の法務対策5000講〔Ⅴ〕（回収・担保権の実行・私的整理・法的整理編）』（共著。金融財政事情研究会、2018年）／『会社法書式集』（共著。商事法務、2017年）／『商標実務入門〔第2版〕』（共著。民事法研究会、2016年）／『契約書作成の実務と書式』（共著。有斐閣、2014年）／『事業再生の迅速化』（共著。商事法務、2014年）／『倒産判例インデックス〔第3版〕』（共著。商事法務、2014年）／『米国特許訴訟Q&A 150問』（共著。AIPPI・Japan、2011年）／『文書提出命令の理論と実務』（共著。民事法研究会、2010年）ほか

第1編前章、第2編第3章、第3編第3章　担当

辛川力太（からかわ・りきた）

弁護士（阿部・井窪・片山法律事務所パートナー）

（略歴）

2008年　東京大学法学部卒業

2010年　東京大学法科大学院卒業、司法研修所入所（第64期）

2011年　弁護士登録（第一東京弁護士会）、阿部・井窪・片山法律事務所入所

2018年　The University of Chicago Law School（LL.M.）

2018年　Kirkland & Ellis LLP（San Francisco）（～2019年）

2019年　米国ニューヨーク州弁護士登録、Heuking Kühn Lüer Wojtek PartGmbB（Düsseldorf）、Steptoe & Johnson LLP（Brussels）

（主な著書）

『法務リスク・コンプライアンスリスク管理実務マニュアル〔第2版〕』（共著。民事法研究会2021年）／『オンラインビジネスにおける　個人情報&データ活用の法律実務』（共著。ぎょうせい、2020年）／「海外企業との共同研究契約締結の留意点」『共同研究開発の進め方、契約のポイント』（共著。技術情報協会、2020年）／『契約書作成の実務と書式〔第2版〕』（共著。有

斐閣、2019 年）／『改正会社法対応版　会社法関係法務省令　逐条実務詳解』（共著。清文社、2016 年）
第 1 編第 2 章、第 3 編第 2 章　担当

高岸　亘（たかぎし・わたる）

弁護士（阿部・井窪・片山法律事務所）

（略歴）

2013 年　東京大学法学部卒業

2015 年　東京大学法科大学院卒業、司法研修所入所（第 69 期）

2016 年　弁護士登録（第一東京弁護士会）、阿部・井窪・片山法律事務所入所

（主な著書、論文）

「法務機能を一からつくる魅力と難しさ」（共著）ビジネス法務 2022 年 4 月号／『経験者が語る Q&A　電子契約導入・運用実務のすべて』（中央経済社、2021 年）／「読者の悩みを解決！ 立会人型の「電子契約」運用 Q&A」（共著）ビジネス法務 2021 年 5 月号／『早わかり！ ポスト働き方改革の人事労務管理 現場の悩み・疑問を解決する Q&A 125 問』（日本加除出版、2019 年）／「『データ』を取り巻く知的財産法の動向及び改正」（共著）情報の科学と技術 69 巻 4 号（2019 年）

第 1 編第 1 章、第 2 編第 1 章、第 3 編第 1 章　担当

〔執筆者事務所所在地〕

阿部・井窪・片山法律事務所

〒 104-0028　東京都中央区八重洲 2 丁目 8 番 7 号　福岡ビル
電話 03-3273-2600（代表）
URL：https://www.aiklaw.co.jp/

国際取引トラブルの出口戦略と予防法務
――日本企業の渉外活動に潜むリスク対応

令和 4 年 6 月 20 日　　初版第 1 刷発行

編　者　　服部　誠
著　者　　広瀬史乃　牧恵美子
　　　　　辛川力太　高岸　亘

発　行　　株式会社ぎょうせい
〒136-8575　東京都江東区新木場 1 -18-11
URL：https://gyosei.jp

フリーコール　0120-953-431
ぎょうせい　お問い合わせ　検索　https://gyosei.jp/inquiry/

〈検印省略〉

ISBN978-4-324-11109-3
（5108782-00-000）
〔略号：国際取引〕